DEL LABERINTO AL
MILAGRO

Martha Franco

Reservados todos los derechos. No se permite la reproducción total o parcial de esta obra, ni su incorporación a un sistema informático, ni su transmisión en cualquier forma o por cualquier medio (electrónico, mecánico, fotocopia, grabación u otros) sin autorización previa y por escrito de los titulares del copyright. La infracción de dichos derechos puede constituir un delito contra la propiedad intelectual.

El contenido de esta obra es responsabilidad del autor y no refleja necesariamente las opiniones de la casa editora. Todos los textos e imágenes fueron proporcionados por el autor, quien es el único responsable por los derechos de los mismos.

Publicado por Ibukku, LLC
www.ibukku.com
Diseño de portada Juanita Echeverry Ramírez
Fotografía de portada: creativemarket.com -Montain Landscape paisaje de montaña isla Ponta Delgada, Portugal.
Maquetación de portada: Ángel Flores Guerra Bistrain
Corrector: Edgar Trejos
Diseño interior: Mery Murillo Álvarez
Maquetación: Diana Patricia González Juárez
Copyright © 2023 Martha Franco
ISBN Paperback: 978-1-68574-520-2
ISBN Hardcover: 978-1-68574-522-6
ISBN eBook: 978-1-68574-521-9

¡Maga… dímelo al oído!… Con tu voz sin ruido…
¿Cómo es Dios?…
"¡como tú, cuando vibres como yo!".

Josefa Rosalía Luque Álvarez
Los orígenes de la civilización adámica.
Tomo I - *Biografía de Abel*
Alborada Cristiana

¿Cuándo comenzó esta historia? Quizás antes de nacer... ¿O es acaso la continuación eterna de mi ser? Hubo un tiempo en el cual yo era perfecta... ¿Y si lo era, para qué aprender? La historia humana cuenta que existió una legión de ángeles caídos. ¿Acaso fui yo parte de ellos? ¿Por qué guardo dentro de mí el recuerdo de un paraíso, una existencia que rebasa todo parámetro humano pero que sólo hasta ahora y de forma intermitente, cuando mis demonios humanos lo permiten, llega a mí? Nací llena de preguntas, con una obsesiva fuerza encaminada a encontrar respuestas. De acuerdo a esa fuerza vivo, cambio, transformo, muto.

Martha L. Franco

Martha Lucia Franco Vallejo, nació en Santa Rosa de Cabal, departamento de Risaralda en Colombia. Es Socióloga de la Universidad San Buenaventura, Medellín-Colombia. Vinculada por más de quince años como ejecutiva del mundo del turismo nacional e internacional, terminando con la creación de su propia empresa para permitir a muchos jóvenes realizar sus estudios en el exterior y el inicio de una vida laboral fuera del país.

Su desempeño profesional unido a su visión humanitaria la llevaron a su vinculación con organizaciones sociales y fundaciones de servicio que propenden por la promoción, la pedagogía, la mejor calidad de vida y la transformación de condiciones de poblaciones vulnerables.

Su disciplina y la convicción por conseguir trascender a un mundo más sabio, más humano y feliz la lleva a buscar en la filosofía espiritual la claridad para tejer su trasegar y ascender en la pirámide psicológica de su existencia.

Media vida de su experiencia se instala en encontrar respuestas a sus perturbadoras preguntas para resolver sus inquietantes excesos de euforia o de tristeza, para hallar el equilibrio entre las debilidades y las aspiraciones de su horizonte vital.

Estudiar y escribir su vida suscitan en Ella su propósito para la construcción autobiográfica de su diálogo personal e íntimo. Con un pausado deletrear de sus peripecias humanas entrega un relato unidimensional, testimonio de una voz femenina sincera, admirable inteligente y valiente.

Del Laberinto al Milagro, es la conquista de su ascensión, es su genuina creación intelectual. Un testimonio escrito con sencillez y lúdica. Con un tono armonioso en el lenguaje consigue su sello sustancial. Esta es la voz femenina que se levanta como su himno de energía y luz universal, es un grito al amor desde las vivencias y las relaciones con su propio género femenino, con quien edifica su dimensión e integridad humana, hasta transmitir al lector la dignificación de su propia identidad.

Contenido

PRÓLOGO 11
FASE UNO 17
   CAPÍTULO 1:
      NIÑEZ 19
   CAPÍTULO 2:
      ADOLESCENCIA 31
   CAPÍTULO 3:
      JUVENTUD 45
   CAPÍTULO 4:
      MADUREZ 65

FASE DOS 73
   CAPÍTULO 1:
      PREÁMBULO A LA NOCHE OSCURA DEL
      ALMA 75
   CAPÍTULO 2:
      LA NOCHE OSCURA DEL ALMA 91

FASE TRES 97
   CAPÍTULO 1:
      EL DESPERTAR 99

FASE CUATRO 135
   CAPÍTULO 1:
      EL INICIO HACIA MI NUEVA HUMANIDAD 137

EPÍLOGO 145

PRÓLOGO

Desde niña escuché que todas las criaturas del universo éramos hijos de Dios, pero, la verdad, nunca comprendí a ciencia cierta el significado de esa oración. Era como una especie de dogma aceptado por todos los que estaban a mí alrededor, algo que no se ponía en duda porque pertenecía a unas instancias lejanas llamadas el reino de Dios; Reino inalcanzable para nosotros, pecadores cristianos. Y aunque siempre fui rebelde y ponía en tela de juicio todo lo que me rodeaba, especialmente el tema de Dios, nunca pude sustraerme a esa profunda sensación de que había un ser superior que tenía que ver con nuestro devenir como humanos.

Mi pelea solía llegar a un punto en que me era imposible, desde mi razonamiento, trascender ese lugar donde lo abstracto del asunto hacía que mi mente se perdiera en elucubraciones inútiles, sin poder finalmente aclarar esa sensación de estar ligada a un ser superior que llamábamos Dios.

Sólo después de medio siglo de existencia, pude comprender el sentido de esa frase, no como un dogma de fe, sino a través de la vivencia; un saber que no era intelectual ni racional, un saber que siempre había estado allí, adentro, en lo más profundo de mi ser.

Para llegar allí tuve que romper con todo lo aprendido, lo inculcado, lo que se había convertido en inmóviles creencias;

aquello que me había identificado como un ser individual, en medio de los colectivos, a nivel social, cultural, religioso, político, laboral, familiar, espiritual, afectivo. Es decir, todo lo que había constituido esa cápsula compacta que llamamos yo, ego o dualidad y desde la cual aprendemos a ver la realidad sin atenuantes.

Había aprendido que el cerebro y los cinco sentidos eran el medio único para registrar la vida, o lo que el creador nos había dado para nuestro bienestar; regalo que, según me habían enseñado, debíamos cuidar, velando por llevar una existencia digna de esa divinidad que con tanto amor nos daba lo que necesitábamos, para continuar con un legado heredado de la cristiandad.

Como nada me era claro, traté de vivir como todos lo hacían y creer en lo que todos creían. Busqué en los libros, en la academia, en los viajes, en encuentros afectivos y personales, en las causas políticas, existenciales y sociales; seguí las indicaciones que los textos de superación personal, a través de psicólogos, sanadores y grandes maestros, señalaban como la fórmula ideal en el camino de la espiritualidad, el encuentro con uno mismo, la paz, Dios, el amor universal.

Absolutamente todo me aportó comprensión y conocimiento, pero sólo cuando descubrí que cada segundo, cada hora, cada día, cada experiencia, cada encuentro constituían el material para salir de mí misma, pude romper con la creencia de que todo estaba "afuera" para ser percibido por mi cerebro, y solo así, los cinco sentidos y mi cuerpo, la vida, aunque se me volvió un caos, comenzó a ser coherente. Dejé de estar a merced de los sucesos, del control que deseaba ejercer sobre ellos, y encontré el camino que me condujo a develar ese misterio llamado Dios que absolutamente todos nosotros, en el tiempo relativo a cada persona, íbamos a recordar.

Podría decirse que hasta ese momento había vivido anestesiada bajo la percepción de que la vida era todo lo que captaban mis sentidos, procesaba mi cerebro, actuaba mi cuerpo, escribían los escritores, vivían y sentían mis amigos, decidía el presidente, tenía valor en el mercado, bendecía el Papa, presentaban en televisión, oía en la radio, descubrían los científicos, hablaban los famosos, hacían las familias, enseñaba la academia, sermoneaba la iglesia.

La vida era, en ese entonces, un transcurrir de días, totalmente aburrido para mi, llena de altos y bajos… más bajos que altos… y una perenne búsqueda de estímulos exteriores que le dieran, aunque fuese temporalmente, sentido, valía, alegría, representado esto en la consecución de un buen trabajo, la culminación de algún estudio, una noche de rumba, una buena película, sentir que era importante como persona para alguien, bajar unos kilos de peso, la conquista de un amor, una lectura estimulante, un viaje y un sinnúmero de cosas en las que se suponía se basaba la vida… una lista inacabable de una búsqueda desesperada para lograr darle sentido a una existencia que poco entendía.

Mientras más buscaba, más respuestas requería, envidiando a la mayoría de los mortales por su capacidad de aceptar tranquilamente ese juego de pretender ser felices en un mundo de vallenatos y rancheras, clamando a gritos por amores llenos de dolor, mentiras, traiciones y engaños.

Buscaba el amor y la sabiduría pero no lo sabía. Mi búsqueda dio resultado después de comprobar una y otra vez que no era posible hallar paz, donde *las creencias triviales y sin juicio acerca de lo humano, eran la ley de la vida.*

Encontré lo que buscaba dentro de mí misma, en donde siempre había estado, pero había sido ocultado con dogmas de vida que invitaban a la tristeza, deseos, merecimientos, demandas y un sinnúmero de expectativas, obligaciones y "cosas" por cumplir, que hacían de la vida un *deber demandante* interminable.

Encontrarme a mí misma iba más lejos de lo que jamás había pensado. Lejos de descubrir quién era yo en tanto persona, descubrí que ese personaje era tan solo una herramienta o vehículo utilizado por otro SER que hacía parte de mí misma, pero vivía en la parte de lo no material, ese lugar sagrado, profundo, al que aquí llamábamos el lado espiritual. La verdad, eso era algo muy difícil de digerir en la medida en que, para mí la espiritualidad no era uno mismo, era un espacio que se tenía también que conquistar.

Mientras tanto, en esa desesperada búsqueda de coherencia dentro de esa realidad que asumía como verdad o fatal destino de la raza humana, y a través de destellos que muy lentamente se fueron convirtiendo en bloques de certezas, después de largos años, deshaciendo las fuentes desde las cuales la única verdad era que solo se es espíritu cuando uno moría y desaparecía la materia en el cementerio, una nueva manera de VER la realidad se abrió silenciosamente ante mí y una sensación de claridad frente a nuestro destino, como una nueva raza humana, que no había conocido ni soñado que existiera, me sacó de la angustiante oscuridad. Paulatinamente la percepción se transformó en conocimiento directo y allí todo registro anterior de lo que era la VIDA, cambió.

Finalmente pude comprender lo que años atrás había descubierto en una habitación de un hotel en Tokio, cuando vi sobre la mesa de noche un libro sobre Buda, escrito en japonés y en inglés, y al abrirlo di con una página en la que hablaba acerca de que el mundo era un sueño, una ilusión y al querer saber más sobre esto tuve que cerrarlo, porque de ahí en adelante no comprendí nada. Así que lo dejé sin leer más, pero la semilla había sido plantada en mi cerebro. ¿Qué querría decir Buda acerca de que vivíamos en un sueño? ¿Y en dónde podría yo encontrar la respuesta? A veces encontraba textos sobre el tema, y trataba de asimilar esa premisa obsesiva pero una constante neblina en mi mente, me lo impedía.

Yo no tenía la menor idea acerca de lo que yo llamaba "neblina" y que en términos espirituales acostumbramos llamar oscuridad, sueño, ilusión, pero no era una metáfora, literalmente existía como tal, vedándonos el conocimiento y el saber. Yo había dado en realidad el salto de la oscuridad hacia la luz. *Había despertado*, mi visión interior tenía ahora un panorama que cubría 180 grados y ninguna sombra me impedía ver perfección y orden, en donde la visión lineal establecía limites, caos y oscuridad.

El mundo era una ilusión porque nuestro viaje a través de la materia solo hacía parte de un viaje experimentado a través de un largo sueño, en donde todo era cubierto por una especie de neblina, que nos impedía comprender que primero habíamos sido seres inmateriales que al ir asumiendo nuestra materialidad o vida en el exterior físico, tuvimos que recurrir a un vehículo, nuestro cuerpo, que en sus inicios y dado que el planeta tierra también se adecuaba a esta nueva situación, no era tan desarrollado como lo es hoy; momento en el cual ya tenemos la evolución requerida para poder percibir y comprender que el mundo espiritual, y en esto incluyo la idea de Dios, ángeles, santos, arcángeles, y todo lo que hemos aprendido sobre ello no llegamos a merecerlo, -a menos que perdamos la vida y lleguemos directo al cielo-.

Dentro de este contexto se hace significante un abandono de todo lo que hemos creído y creado desde nuestras necesidades de supervivencia, en este largo camino de regreso a casa para que el "*Amor y la Sabiduría*", esa sustancia que todo lo habita y abarca, conteniendo en sí misma toda nuestra información cósmica y terrenal, sea la que guie nuestra nueva visión para en términos más modernos, *recuperar nuestro disco duro original.*

Este libro es la historia de todos nosotros y la cual nos va a acompaña durante nuestro recorrido como seres vivos, porque todos somos una totalidad expresada en dualidad: luz-oscuridad, físicos-sutiles, materia-espíritu, femenino-masculino, cuerpo-mente, negativo-positivo, derecho-izquierdo. La dualidad es una ley universal. Este libro es una forma de contar que hacemos parte de una experiencia espiritual. "El hombre no piensa; SOY YO Quien piensa a través de su organismo"[1].

---

1 *La Vida impersonal,* Joseph S. Benner. Capitulo VII

FASE UNO

Capítulo 1
  Niñez
Capítulo 2
  Adolescencia
Capítulo 3
  Juventud
Capítulo 4
  Madurez

CAPÍTULO 1:
NIÑEZ

Nací en 1957, en un pueblo pequeño de Colombia, poco después de lo que se denominó "la época de la violencia", en la que conservadores y liberales, dos grupos con lineamentos políticos teóricamente opuestos, se mataban entre sí, al igual que hacían lo mismo con padres, esposas, esposos, hijos e hijas del grupo político contrario, para mantener el poder de unas ideas que cada grupo quería imponer como gobierno de un país.

En aquel entonces la vida se centraba en la iglesia, la política y la familia. Una plataforma de valores lineales y tradicionales, expresados en un sinnúmero de creencias y conceptos que parecían inalterables.

Como todos los seres humanos de aquella época, introyecté de una manera bastante clara, que el mundo estaba dividido en dos: lo bueno y lo malo, Dios y el diablo, y que los eventos más importantes en la vida de una mujer eran el matrimonio y la maternidad. Por tal razón, tenía que evitar, como un cáncer, la soltería, guardar la virginidad y, una vez casada, deberme a mi esposo e hijos de manera eterna e incondicional.

El hombre era quien lideraba; la mujer, desde la sombra, debía ser su motor. Por tal razón, el éxito del matrimonio descansaba sobre los hombros del sexo femenino y el divorcio representaba un rotundo fracaso para cualquiera de las representantes de este género, pues expresaba su incapacidad para cumplir su rol a cabalidad.

Observadora por naturaleza, veía a las mujeres limpiar, lavar, aplanchar, mercar, educar, cocinar, entretener, resolver y en la noche, en aras de la estabilidad del hogar, borrar el cansancio de la cara y atender amablemente al marido, escucharle con paciencia, posibilitarle descanso y además administrar su sexualidad mientras fingían placer, pues de sus necesidades nunca se atrevían a hablar. Veía así mismo a los hombres disfrutar de la calle, el trabajo, el estudio, la política, el mundo de las ideas, dar rienda a sus deseos sexuales, las amantes y el bar.

Sin palabras directas, aprendí que las personas que no tenían mi color, ni estudiaban en mi colegio o ni frecuentaban los mismos lugares que yo, estaban ubicados en una categoría inferior. Que los homosexuales, las prostitutas, los presos, los dementes, los drogadictos, los gamines, la gente de la calle, los que padecían enfermedades raras y contagiosas, pertenecían a un mundo aparte, eran pecadores y estaban alejados del reino de Dios.

Yo había nacido en lo que se consideraba el lado bueno del mundo, representado por una familia blanca, católica, clase media ascendente, sin vicios, con *buenas relaciones sociales*, *buenas costumbres*, padres irreprochables y tres hermanas mayores inteligentes, bonitas, llenas de virtudes y reconocidas por la sociedad. Un contexto en el que no se ponían en duda los mandatos de la época, las costumbres, la sobriedad.

Sin embargo, yo vivía con una permanente sensación de inseguridad y de no ser "normal". Pensaba que mis padres me habían adoptado, porque no lograba conectarme o identificarme con eso que llamaban el mundo real, con ahínco trataba de parecerme a mis hermanas, vivir ese mundo que, a mis ojos era incoherente y rechazaba porque me producía mucha inseguridad.

Una terrible y constante sensación de culpa me acompañaba, por sentir en mi interior un volcán, una fuerza interna que no era propia de mi género y que no encajaba dentro de ese orden idílico de sociedad. Detestaba la idea de casarme, tener hijos, hacer feliz a un marido, conformar un hogar y todo lo que se suponía era el sueño, el objetivo, la misión, la dirección, el logro de toda mujer equilibrada y normal. Sentía que carecía de la *paciencia*, la *tolerancia*, el *ingenio* y la *prudencia*, que se requerirían para administrar marido, hijos y las labores de un hogar. No comprendía muy bien aquello de guardar la virginidad como sello de calidad con el fin de darle al hombre exclusividad, para proporcionarle estabilidad y seguridad. Tampoco comprendía por qué sólo a través del matrimonio se nos podía otorgar a las mujeres licencia para sentir orgasmos y encontrar el amor que se consideraba eterno, verdadero, legal y, por lo tanto, aceptado por la sociedad.

Confusa por rechazar mi destino y querer vivir ese otro mundo, el de los hombres, que me hablaba de libertad, creatividad e independencia, me angustiaba por no dar la medida que se me exigía como representante de ese elogiado y *respetado* mundo de la feminidad.

A mi inseguridad y contradicciones se añadía el terror que sentía por otra autoridad mucho más poderosa e intangible que, desde el cielo, con su único ojo y su dedo castigador, nos perseguía de noche, de día, toda la vida. Me aterraba la idea de que, si bien podía engañar a todos los que estaban a mí alrededor, no me podía escapar de ese ojo abierto y ese dedo señalador, que sabía que yo no cumplía con las demandas de lo que supuestamente era su creación.

Me habían enseñado que nacíamos culpables, debíamos continuar viviendo en estado de culpabilidad y moríamos para sólo ser perdonados en el juicio final. Que el infierno estaba lleno de llamas, presto a devorarnos si permitíamos que nuestros instintos más íntimos afloraran o se expresaran de forma diferente a lo establecido por los curas, las monjas, el gobierno y la sociedad en general. Que para tener acceso al cielo debíamos cumplir los mandamientos a cabalidad, mandamientos que en su mayoría nadie parecía cumplir. Así que, por aquello del juicio final, a la culpa se sumaba un miedo abstracto al concepto de infierno, viviendo la mayor parte de mi vida con una doble moral para engañar a Dios, al diablo y hasta a mí misma, y así tener acceso al paraíso, la eternidad y la sociedad.

La eterna vigilancia de Dios y su ansia de castigo, su aprobación de los actos buenos y desaprobación de los malos, el premio al que se portaba *bien* y el castigo al que se portaba *mal*, contradecían la teoría de su amor perfecto, infinito, igual para todos y aquel precepto del no juzgar. Yo, confusa, preguntaba, pero los adultos me repetían que, respecto a Dios, todo era un dogma de fe y no debíamos osar entender, ni poner en tela de juicio, lo que provenía de Él. Al parecer, los únicos que tenían el secreto eran los *curas*, así que la misa del domingo, con un sacerdote dando la espalda y hablando en latín, y la confesión de nuestros pecados que, de rodillas tras una rejilla y en la oscuridad, le confiábamos al representante de Dios, eran las condiciones que tenían la facultad de borrar cada semana nuestra permanente culpa y convertirnos, por un muy pequeño lapso de tiempo, en seres limpios y dignos de entrar en contacto con el cielo, el perdón y la divinidad.

En cuanto al tema del amor, ¡esto sí que implicaba contradicciones! Se daba por sentado y como legado de la cristiandad que debíamos amar a Dios y al prójimo *como a nosotros mismos*, pero nada de eso funcionaba. El concepto del amor al prójimo estaba lleno de restricciones, contradiciendo ese ilimitado amor que estábamos supuestos a dar.

Para justificar nuestra incapacidad, terminábamos afirmando que el amor incondicional sólo venía del Altísimo, al que en agradecimiento debíamos venerar recurriendo a ritos, imágenes, estampitas, medallas, escapularios, avemarías, misas y rosarios, para que nos bendijera y nos diera la felicidad terrenal.

Existía otro amor que, si llegaba, parecía no tener límites y hacía que finalmente los humanos sintieran por otro, un amor ilimitado e incondicional. Era aquel que enamoraba y llevaba las parejas al altar. Pero extrañamente yo observaba que con el tiempo, de manera sutil y silenciosa, este amor, frecuentemente se transformaba en monotonía, otras veces en indiferencia, algunas en odio o cualquier sustituto del amor; y lo que habíamos sentido de eterno, ilimitado e incondicional llegaba a su final. El desespero por recuperarlo hacía que la pareja lo buscara en la cama, debajo de esta, comprando muebles, teniendo hijos, reinventando la cotidianidad. Pero por lo regular una vez perdido ya era demasiado tarde; sin que se notara, ese amor se había quedado enredado en la vida práctica, el apartamento, el carro, la beca y las deudas por pagar; un juego que ya no se podía parar. Y como prácticamente a todos les sucedía igual, se consideraba entonces normal que la mujer *volcara* su amor en los hijos y el hogar, mientras el hombre buscaba una amante que elevara su autoestima, lo entretuviera y fuera depositaria de su vida sexual.

Para quienes como a mí, no les interesaba esa clase de vida, existían dos opciones: La vida religiosa, que de hecho muchas asumían, o la temible soltería, opción que nadie tomaba voluntariamente, porque era sinónimo de ser feas, amargadas, desesperadas, asexuadas, histéricas y sin oportunidad. Esa connotación que se le daba a la soltería nos aterraba e impulsaba a ponernos la máscara y casarnos, aunque esto significara seguir los pasos de la limitante "normalidad".

El cuento religioso del amor eterno, incondicional y para todos igual se quedaba en la palabra escrita o verbal, porque en la cotidianidad nadie era capaz de practicarlo, ni siquiera el cura, que era en la tierra el representante legal de Dios y de su santidad.

Convencidos de que la incapacidad de amar se debía a nuestra natural e imperfecta condición humana, nadie cuestionaba nada, y la pureza del corazón, la devoción, el más limpio amor, se los dejábamos a Dios y a Cristo, los cuales, para nuestra tranquilidad, conservábamos en el cuadro del corazón de Jesús, el cuadro de la última cena, la camándula colgada en la cama de los padres, la Biblia en el cuarto de estudio, el rosario de las noches, la Santísima Virgen María, la fervorosa devoción por algún Santo en particular, el arrepentimiento en los confesionarios, la misa de los domingos, la comunión de los últimos viernes de cada mes, y una reverencia total a una abstracta, perfecta y lejana divinidad.

¿Estaba la raza humana condenada por Dios, a sufrir de desamor porque la mujer ante la manzana se doblegó y obligó al hombre a seguirla en su tentación? Me preguntaba yo sin obtener respuesta.

Crecí entonces dentro de una sociedad con mentalidad vaga y contradictoria, enmarcada en una lucha de opuestos, una confusión de conceptos, demandas, obligaciones, necesidades y deseos, con una brecha inmensa entre Dios y el hombre que exigía, para no enloquecer, vivir una doble vida, una doble moral, adquirir personalidades múltiples para hacer frente a las diversas demandas de la familia, la sociedad, la iglesia, la academia, el trabajo, los amores y los instintos, dentro de una normatividad que satanizaba cualquier intento de expresarnos en libertad.

Un solitario y enfermizo mundo secreto de preguntas, ganas, dudas y fantasías, convivía con la exigencia de guardar una rígida forma de comportamiento que compraba el derecho al respeto, y vacunaba contra la exclusión del grupo social.

Yo vivía con una mezcla de sentimientos entre el amor a mi familia y los que me *caían bien*, sentía rabia por no tener el derecho que tenían los hombres al mundo, culpa por tener curiosidad del sexo, miedo de no ser lo suficientemente buena para merecer a Dios, terror a los regaños de mi madre, los maestros y los sermones del domingo, tristeza y de soledad al no poder confiar a nadie mis íntimos secretos, confusión porque nada me era claro, y una sensación constante de estar fuera de lugar, ajena, extraña a todo ese circo que no lograba interpretar.

Una voz me susurraba: el amor existe, existe la verdad, ¡búscala! Pero miraba a mi alrededor y no veía hecho, cosa o persona, que validara esa voz interior que me animaba para que no me asustara.

Lo que yo no sabía era que, mientras introyectaba ese sistema de creencias lineal y estático, a nivel del planeta, grupos minoritarios de personas mayores que yo y de acuerdo a sus creencias, se rebelaban ante un sistema político, económico, social, cultural y religioso, que no ofrecía respuesta o salida a problemas y conflictos generados por una sociedad regida por la tradicionalidad, que sólo proporcionaba inconformidad. Unos centraban su discurso en la desigualdad económica, otros en la desigualdad étnica, otros en la desigualdad de género, otros en el derecho o no derecho de una mujer a tener un hijo. Y así sucesivamente se iban conformando focos de protesta que expresaban el deseo humano de romper con unas estructuras, que impedían lo que cada grupo consideraba la libre expresión de sí mismos y un contacto más auténtico con la vida.

Sobre ese estallido viví mi niñez y principios de mi adolescencia. A través de la radio o frente a un televisor en blanco y negro, y sin comprender muy bien lo que pasaba, mi mente registraba múltiples eventos sucedidos en la década de los sesenta y los setenta, que habían comenzado a mover sutilmente las estructuras del pensamiento en el mundo, y que sembrarían en mí y en mi generación, la semilla que nos permitiría interpretar la realidad y vivirla de una manera no convencional, más dinámica, llena de matices y, por lo tanto, más cercana a una forma de explorar que iba a ser esencial en mi búsqueda por la verdad.

Conocí entonces que había guerra en Vietnam, en Berlín se construía un muro que dividía dos sectores que no pensaban igual, Cuba se rebelaba ante la invasión y dominio del Norte y, en alianza con la Unión Soviética, promovía en el continente latinoamericano un pensamiento llamado comunismo o de izquierda, que jóvenes, intelectuales, estudiantes, docentes, escritores, músicos y sacerdotes empezaron a adoptar, y donde en Latinoamérica, el Che Guevara y Camilo Torres representaban el sueño de libertad e igualdad. También vi cómo el hombre llegaba a la luna, el presidente de Estados Unidos, John F. Kennedy era asesinado, al igual que Martín Luther King, un hombre que abogaba por los derechos civiles de los afroamericanos. Escuché que en Sudáfrica grupos de hombres y mujeres luchaban contra el *apartheid*, una palabra que sólo años más tarde logré comprender, y que en China un señor llamado Mao Tse Tung promovía el socialismo a través de lo que se denominó la Revolución Cultural Proletaria. La gente joven, los estudiantes, jugaron un papel muy importante en todo este movimiento, sobre todo en Francia, cuando junto con los obreros protagonizaron el famoso Mayo Francés, y con frases como: "La imaginación al poder", "Liberemos nuestra vida cotidiana", "Dios, sospecho que eres un intelectual de izquierda", "Decreto el estado de felicidad permanente", expresaron la correlación directa que existía entre lo político y la vida cotidiana de los humanos. Escuchaba a los curas y señoras de edad muy preocupadas hablando de una "píldora" para las mujeres evitar la natalidad, las faldas largas se volvían mini, las piernas se comenzaban a mostrar y ni se diga de la idea de divorcio, que ya surgía como algo natural. Las mujeres se rebelaban y luchaban por su emancipación y libertad.

El festival de Woodstock, en forma de música, le mostró al mundo que ya no era el mismo y, a través de canciones, la juventud clamaba por un amor sin condiciones y la posibilidad de elegir con quién ejercer la sexualidad, junto con el derecho a decidir cuándo abortar o cuándo concebir. A campo abierto, hombres con cabellos largos, mujeres con cabellos cortos y margaritas en la cara fumaban marihuana, tomaban LSD, tenían sexo, se divertían, enloquecían, dando rienda suelta a sueños y fantasías. Las sustancias psicodélicas y la emancipación sexual fueron la gran preocupación de científicos, médicos, estados, iglesias, padres de familia y todas las estructuras de la sociedad.

En Colombia y en Latinoamérica en general, grupos minoritarios habían elegido la guerra para llegar a la paz. Si Cuba lo había logrado, tenía que ser bueno para todos los demás.

Colombia, con su historia de violencia y cansada del régimen militar, creó el Frente Nacional, al tiempo que, a partir de las nuevas ideologías, las Fuerzas Armadas Revolucionarias de Colombia, FARC, el Ejército de Liberación Nacional, ELN, y el Ejército Popular de Liberación, EPL, secretamente nacían, gestándose lo que hasta hoy en día ha sido una guerra sin final. La iglesia católica no se quedó atrás y, a través del Concilio Ecuménico Vaticano II, hizo cambios para tratar de hablar un lenguaje que llevara su mensaje, en unos tiempos donde todo era propicio para que la nueva generación desertara y pusiera en peligro su poder y credibilidad.

Amante de la música y acostumbrada a escuchar en la *radiola* de la casa los discos de Lucho Bermúdez, Pacho Galán, La Cinta Verde, El Pájaro Amarillo y La Pollera Colorá, todo esto quedó atrás cuando comencé a escuchar otras formas de hacer música, de combinar las notas musicales y de expresar la realidad. Los Beatles, los Rolling Stones, Janis Joplin, Led Zeppelin, Pink Floyd y muchos más transformaron los sonidos y fueron los voceros de un nuevo lenguaje y estilos de pensar.

Piero, Pablus Gallinazus, Angelita, las canciones de protesta, el nadaísimo con Gonzalo Arango, Jota Mario, Fanny Buitrago y grandes escritores latinoamericanos como Mario Vargas Llosa, Ernesto Sábato, Julio Cortázar, García Márquez, Octavio Paz, entre otros, expresaban desde nuestro sentir y lenguaje latino este despertar.

Mujeres como Simone de Beauvoir, Betty Friedmann, Alfonsina Storni, Kate Millet, Ofelia Uribe de Acosta, Juliet Mitchell, Débora Arango, entre otras, fueron voces que buscando un sentido de la realidad más acorde con su sensibilidad comenzaron a dar a conocer el sentir femenino, su especificidad.

Como una esponja absorbí lo que mis sentidos registraban como atentas antenas, acerca de lo que el mundo inmediato me mostraba y lo que de lejanos mundos me llegaba a través de palabras, imágenes, música y sensaciones.

CAPÍTULO 2: ADOLESCENCIA

Al iniciar mi adolescencia nos mudamos a una ciudad intermedia que se acercaba más a la realidad que en la TV solía mirar. Allí el sistema de valores no era tan rígido y tanto hombres como mujeres se mostraban más auténticos y por ende vivían con más flexibilidad. Las relaciones entre ambos sexos eran más relajadas, mis nuevas amigas hablaban de novios, besos, menstruación, senos, moda, cigarrillos, fiestas, todo lo que como adolescentes comenzaban a descubrir y no se atrevían a hablar con sus papás, pero yo seguía sin lograr tener un pensamiento similar. Como siempre, en contravía, nada de lo que motivaba a mis amigas me preocupaba o movía, pero actuaba como si todo eso fuera igualmente importante en mi vida. Sólo lograba identificarme con todo lo que hablara de igualdad, libertad, amor libre, no a la guerra y sí a la paz, como si realmente supiese el significado de tales conceptos.

Para defenderme de mí misma y estar a tono con el nuevo entorno, construí mi propio personaje, el de rebelde, graciosa y todo lo que fuera contra la corriente para encajar, es decir, darles gusto a todos y no quedar mal. En el fondo estaba perdida, como siempre lo había estado, con ese permanente sentimiento de estar fuera de la colectividad.

Tratando de encontrar respuestas, fumé marihuana, tomé aguardiente, les grité a mis padres, peleé con mis hermanas, enloquecí a mis profesores, me volé mil veces del colegio, ponía problema, escuchaba música, di los primeros besos y leí como una condenada. Pero todo fue inútil, las respuestas traían nuevas preguntas y estas a su vez nuevas respuestas, un aterrador círculo vicioso que, si bien alimentaba y estimulaba mi inteligencia, no me mostraba ese camino que desde pequeña intuía era la razón de mi vida.

El festival de Ancón fue nuestro Woodstock. Miles de jóvenes colombianos mostraron que lo que sucedía en otros países también sucedía aquí y que asimismo el inconformismo buscaba un cambio, había rebelión. Yo soñaba con estar allí, pero aún era muy joven y no tenía el valor suficiente para volarme de mi casa y estar con esos hippies que tanto me gustaban y llamaban mi atención.

Cuando cumplí 15 años, mi familia se mudó a una ciudad capital. En un colegio de clase media y muchos habitantes más, ya no existía la presión de los pueblos o ciudades intermedias para ser socialmente reconocida, tener novio, entornar el ojo, ir al club, asistir a fiestas, ser popular o llamar la atención. Las condiciones exteriores que comenzaron a rodear mi vida me tranquilizaron en gran medida. Encontré personas más sencillas y desarmadas con las cuales podía compartir inquietudes y temores que de toda índole tenía. Mis nuevas compañeras de colegio no tenían la presión de la alta burguesía y, aunque tenían las mismas preocupaciones inherentes al mundo de toda adolescente, tenían un sentido de responsabilidad frente a la vida que hacía que se cuestionaran con respecto al mundo que en vivían. Sin embargo, mi eterna angustia existencial, allá en el fondo, como un sutil aguijoncito que chuza, persistía en el corazón; yo seguía buscando un lugar en el mundo o un pedazo de realidad en donde todo fuera armónico, pacífico, coherente, lleno de felicidad.

Lo encontré en una película que por primera vez me hizo experimentar la nostalgia profunda, sentimiento que desconocía y que me marcó toda mi vida. Se llamaba "Horizontes perdidos", con Liv Ullmann y Michael York, donde un grupo de personas perdidas en el Himalaya encuentran un lugar llamado Shangri-La. Allí la vida se vivía por, para y desde la espiritualidad. Ese mundo armónico mostrado en pantalla, que invitaba a la más alta creatividad, era el mundo que yo buscaba y que, sin ninguna razón lógica, extrañaba. Esa nostalgia tan fuerte y prolongada me acompañó por varios meses.

Lobsang Rampa, Richard Bach leídos junto a Sartre, Nietzsche, Herman Hesse, Albert Camus, la música clásica, Carol King, Cat Stevens, Bob Dylan eran ahora los vehículos de una búsqueda que se volvía más exigente y profunda.

Al personaje de rebelde, le sumé el de filósofa, despreocupada y medio hippie, justificando la angustiante sensación de estar fuera de lugar y no pertenecer. Mi cerebro ya se había acostumbrado a los discursos filosóficos que mi diálogo interno construía. Perdida en un laberinto de ideas y conceptos, buscaba la salida. En lo más profundo de mi ser, como un fantasma, la idea de Dios en forma de acecho persistía, y mi brújula interior buscaba una señal que mostrara en dónde estaba ese amor y esa felicidad que yo intuía que existía.

El primer indicio apareció en un monasterio, cuando participaba en unos retiros espirituales a los que debíamos asistir un año antes de la graduación. En una montañita, en silencio, observando la naturaleza, una extraña e insólita quietud, paz, unidad, pertenencia, sabiduría, verdad, coherencia, color, me invadió y de una manera desconocida me comuniqué con Dios. Sola, allá sentada, me uní a la creación, sin un libro, ni un maestro, sin los curas ni las monjas, conferencias o cosas que tuvieran que ver con la razón, todo salía desde mi interior. Finalmente vivía mi Shangri-La; el mundo ya no fue incoherente, violento, extraño a mí; lo estaba viviendo, sintiendo, reconociéndo, pero desde una sensación de amor, paz, armonía y belleza, no desde el dolor y la contradicción, sólo sentía conmiseración y ganas de ayudar a todos y a todo lo que estaba a mi alrededor.

Me apareció entonces una identidad nueva, la antítesis de lo que se suponía era yo: la religiosa. Así que comencé a ir a misa, a rezar y a cantar, hasta que al poco tiempo me encontré con una amiga que le había pasado igual... Ella me dijo: -*"es un llamado de Dios"*, así que nos pusimos a buscar un convento, único lugar en el que creíamos debíamos estar para glorificar.

Esa vivencia llegó, pero no para quedarse. A los meses mi percepción del mundo volvió a su "normalidad", el encanto de conexión espiritual había desaparecido pero la fuerza de su recuerdo me reconcilió con las monjas y con los curas, y quería asistir a cuanto evento religioso existía en la ciudad. Las misas carismáticas eran las que más me movían, cantar y alzar los brazos en acción de gracias era lo que más me divertía pues me permitía la vigencia de mi Shangri-La, para el que afanosamente buscaba que permaneciera en el tiempo.

Al pasar los días, comencé a observar que fuera de los recintos y actividades religiosas la devota emoción se desvanecía, volvía a ser la misma persona que era antes, plana, insegura, temerosa y llena de teorías. El sentimiento místico desaparecía. No lograba alcanzar de nuevo esa sensación de elevación, unidad, comprensión, ni revisvir, saber, lo que en esos retiros espirituales la vida me había dado el regalo de conocer. Supe entonces que en cuanto a mí se refería, los encuentro con Dios en las misas, en los grupos de oración, en los símbolos divinos, eran temporales, efímeros, y que al contacto con la realidad que los humanos vivíamos, todo volvía a su estado *natural*.

No comprendía por qué lo que llamábamos Dios era esquivo, intermitente, y desaparecía cuando menos lo pensábamos, como dando validez a lo que los curas y todo el mundo decía: que mientras no estuviésemos en oración, éramos malos, culpables, pecadores y sin derecho al amor; pero yo me resistía a creer esto. Mi experiencia en los retiros espirituales, la vivencia de mi Shangri-La, me había posibilitado *vivir* por pocos días, y sin ningún medio o herramienta, a ese Dios y ese amor tanto tiempo presentado. Por primera vez en mi vida me había sentido auténtica, segura y sin miedo. Deseaba volver a encontrar ese estado, pero algo interfería, no sabía qué y desconocía por completo el camino de regreso, solo me era claro que la conexión con esa fuente de amor no dependía de rezar o de ser *buena* según los códigos morales del momento, así que me alejé de nuevo de la iglesia, los curas, las monjas, los credos, los rezos, las misas, los escapularios, los rosarios, las medallitas y las estampitas.

En 1976, un año después de esa significativa vivencia espiritual, cumplí 17 años y, como parte del paquete de crecer, no podía faltar el viaje de un año a Estados Unidos para aprender inglés. Parecía un viaje inofensivo, una experiencia más, pero fue una dura escuela que me enseñó a ser independiente, autónoma y a establecer una amistosa relación con la soledad. Inicio de una identidad más acorde conmigo misma.

Los tenis, la camiseta, el jean, la ausencia de formalismos sociales, las relaciones directas entre todos, padres, hijos, jefes, subalternos, estudiantes, profesores, la estandarización de la educación, el acercamiento más abierto entre los sexos y por lo tanto al sexo, la identificación de los norteamericanos con su nación (1976, año de celebración del bicentenario de independencia de USA), la cocina rápida, la arquitectura, geografía y clima, contrastaban enormemente con lo que hasta entonces conocía.

Viví con una familia que al igual que la mía era clase media ascendente. Mi padre americano era un ingeniero de la compañía de teléfonos del estado de Indiana, mi madre era ama de casa, y tenía tres hermanitas de 15, 6 y 5 años. Vivíamos en las afueras de un pueblo que más bien parecía un caserío y a media hora de la ciudad. Un contexto en apariencia similar al mío: Padre trabajador, madre ama de casa, tres hermanas, sólo que en esta casa yo era la mayor, mientras que en Colombia era la menor. Sin embargo, todo era diametralmente diferente. Mis hermanas, sin importar su edad, eran libres en la toma de decisiones y la expresión de sus opiniones. Como si fueran adultas, a todas se les escuchaba con mucho respeto y atención, no había separación entre el mundo de los adultos y el mundo de los niños, todos tenían participación en los contextos en que se hallaban juntos, en la relación de pareja no había subordinación, simplemente asumían diferentes roles y responsabilidades que al final del día compartían.

Descubrí que en ese país la clase media, al conformar la gran mayoría de sus habitantes, eran quienes marcaban las pautas a seguir en cuanto a economía, cultura, costumbres, moda, logrando una especie de uniformidad entre comodidad y bolsillo, simplificando enormemente la vida, y que vivían de una manera tan práctica como era la configuración de su idioma: directa, concreta y sin rodeos. Aprendí que la forma de vivir de una sociedad determinada se reflejaba en la manera como se comunicaban; por ejemplo, ellos expresaban en una oración lo que un latino expresaba a través de un párrafo o tal vez en el equivalente a un capítulo de una novela. Mientras nosotros latinos teníamos una forma de abordar la vida llena de curvas, laberintos, paréntesis, los norteamericanos la abordaban como si fuera una larga, ancha y recta autopista.

Formada en una cultura en donde prácticamente en todas las actividades recurríamos a ayudas en forma de servicio doméstico, trabajadores en las fincas, choferes de confianza, organizadores de fiestas y eventos, idas a cine y salidas a la calle en *barra*, había llegado a un entorno en donde, en la organización de eventos de la comunidad, todos participaban activamente y en donde cada grupo familiar se autoabastecía, y, al interior de este, cada miembro tenía sus tareas específicas para cumplir. Me encontré entonces cortando el césped de la casa de campo en donde vivía, haciendo de niñera para mis hermanitas pequeñas, limpiando cada tanto la pesebrera, ayudando a adornar salones en donde se iba a realizar algún evento o fiesta de la comunidad, es decir, realizando todas las tareas por las cuales nosotros los latinos siempre pagábamos, propiciando y desarrollando con ello un abismo en la escala social, una dependencia muy marcada de los unos con los otros y un profundo miedo de vivir la vida sin ayudas o compañía.

Aquello de ganar dinero realizando trabajos informales, sin perder la "importancia personal", sin importar la edad, participar en todas las actividades de la comunidad, expresarse sin que los *mayores* constantemente corrigieran porque no se expresaba educadamente lo que socialmente se requería, la facilidad de obtener lo necesario y más, la libertad de elegir cómo vivir, la puntualidad, el libre acceso a los deportes, las artes, la cultura, me encantó y, rápidamente, mi mente no sólo comenzó a registrar e interiorizar esa nueva información, sino que la máscara o personalidad que había construido hasta el momento, para sobrevivir a las demandas de la niñez y adolescencia en una cultura como la colombiana, comenzó a derrumbarse, pues no me servía de intermediaria con esa nueva cultura que ante mis ojos surgía.

Sin máscara, sin idioma y en un entorno completamente desconocido, me quedé sin piso, y aunque mi nueva familia norteamericana hacía lo imposible por hacer de mi acoplamiento un proceso amable, las primeras semanas me sentí aterrada, sola y perdida. Sólo quería regresar a mi país y despertar de ese mal sueño en que me había metido. Después me resigné a ese giro que había dado mi vida e instintivamente supe que si quería sobrevivir a esa aventura debía aprender a vivir como lo hacían ellos. Con el tiempo y a medida que comprendía el inglés y podía comunicarme, respiraba mejor, sonreía, lentamente pertenecía. Sutilmente me fui convirtiendo en una adolescente norteamericana de un típico y pequeño pueblo del norte del país. Tenía novio, cantaba en el coro de la escuela, era famosa porque nunca habían visto una persona que llegara de la *selva*, tocaba guitarra, iba a todas las actividades de la escuela, me hacían entrevistas, asistía al servicio dominical con toda la familia y estudiaba la Biblia, estas dos últimas actividades respondían a un interés social más que religioso.

Allí, en esa época, inicié mis exploraciones sexuales, pero siempre cuidé mi virginidad, porque no quería perder *el tal sello de calidad* para encontrar el marido en la posteridad. Viajé mucho en las vacaciones con mi familia norteamericana, lo que me permitió conocer prácticamente todo el lado este del país, y asistía a las fiestas de la escuela que, comparadas con el ímpetu, extroversión, pasión y alcohol de las nuestras, eran el esbozo tímido de una piñata o una primera comunión. Pero, lo más importante, aprendí a hacer cosas por mí misma. Aunque fue un año duro en el sentido del ajuste a los múltiples cambios en mi interior, disfrutaba de la ingenuidad, simpleza y candor de los norteamericanos, de la manera relajada en que interactuaban ambos sexos, el poco rigor en los roles masculino, femenino, adulto, niño, autoridad, dependencia, la poca presión para la mujer de mantener su *dignidad*, la responsabilidad de cada persona de ser feliz sin achacársela a nadie más, y de iglesias en donde el pastor, como todo ser humano, se casaba, tenía hijos y desarrollaba una relación personal con la comunidad.

Contrario a nuestra creencia de que Estados Unidos era un país lleno de exageradas libertades, en los pueblos y ciudades intermedias se creía y cumplía a cabalidad con los dictámenes de la Biblia y las leyes del país, haciendo de ellos un rebaño fácil de influenciar y conducir.

Mis divagaciones espirituales y constantes preguntas sobre mi yo y ubicación en el mundo se sumieron en el sopor que cubre a las sociedades en donde los efectos de la equivalencia entre comodidad y bolsillo, independencia e individualismo, superioridad y nacionalismo, y para esa época poco interés en la educación superior, cubrían todo cuestionamiento a nivel existencial, social o planetario, que interrumpiera el famoso sueño americano.

Al regresar, yo era una de ellos y cuando aterricé en Colombia, el ruido y el desorden de las ciudades con sus buses, pitos, gamines, robos, asesinatos, pobreza, uniforme del colegio, monjas, reglas, convencionalismos, rigideces, cigarrillo, aguardiente y fiestas, me aterrizaron de nuevo y despertaron mis raíces. Sorprendida, me tocó volver a hacer un proceso de adaptación. La experiencia había adelantado mi percepción de la vida un par de años más que la gente de mi edad y, por un rato largo, tuve la sensación de no saber dónde quería estar, si aquí o allá.

Seis meses después de graduarme de bachiller regresé a Estados Unidos. Esta vez a una experiencia totalmente diferente. Ya no era una estudiante de intercambio que llegaba como hija de familia, era una estudiante independiente. Orlando, Florida, fue mi puerto de llegada. Otro acento, otra forma de vivir la vida mucho más tranquila y relajada. Primero en un *High School*, después en un *College*, estudiaba inglés y disfrutaba de esa vida americana que tanto me gustaba. Los tres hijos de la familia donde vivía eran universitarios y en su tiempo libre trabajaban en Disney World. Mi bolsillo vivía lleno de tiquetes que me regalaban, para disfrutar sin límites la niñez que siempre permanece en el adulto. Debajo de Disney había otra ciudad igualmente activa, la de los empleados. Yo observaba, sorprendida, cómo esa cultura se las ingeniaba para crear mundos y formas para que, tanto el que trabajaba como el que disfrutaba de unas vacaciones, embriagaran constantemente sus sentidos y mantuviesen un estado constante de alegre cansancio. Para aquel entonces no existían el fax, los computadores personales, los celulares, los teléfonos, la TV inteligente o el internet. Pero en ese parque y en otros que también frecuentaba mostraban inventos fantasiosos de un lejano futuro, lo que la inteligencia humana en pocos años plasmaría y se convertirían en nuestro quehacer cotidiano.

Florida, el estado del sol, fue una experiencia bastante relajada. Mar, piscinas, parques de diversión, noches disco y un novio enamorado de los deportes, me enseñaron a tomar la vida de forma más calmada y despreocupada. Sin embargo, pensaba constantemente en mi futuro profesional. Antes de viajar a USA había sido aceptada para estudiar Derecho en una universidad colombiana, pero no me sentía segura de si esta era realmente el área que yo buscaba. Me inclinaba más por la psicología, pero influenciada por el punto de vista de mi madre terminé por pensar que era una carrera para desadaptados y que terminaría mentalmente enredada. Ni mi madre ni yo habíamos caído en cuenta que mi enredo mental lo tenía desde el inicio de mi vida. Sin estar clara sobre mi futuro profesional y con la ayuda de mi padre colombiano, seis meses más tarde cambié de estado y tomé un semestre de administración de empresas en una universidad en el estado de Oklahoma, en el centro sur del país. Otro ambiente totalmente diferente, un poco de aquello del viejo oeste: Cowboys, amerindios, square dance (un baile en el que se cambia de parejas), botas y sombreros tejanos.

Aunque la universidad era totalmente moderna, al salir al pueblo siempre me aparecía la sensación de estar en medio de una grabación de alguna película del lejano oeste. Tenía 19 años. Para ese entonces, me era evidente que todo el mundo buscaba una pareja para completar su mitad. Yo lo veía absurdo, pero no tenía cómo argumentar. Las canciones, las novelas, el cine, los libros, los periódicos, toda la realidad expresaban que aquello del complemento no sólo era una gran verdad sino una necesidad. En lo más íntimo de mi ser yo seguía buscando algo que no lograba saber, había tenido novios, había incursionado en el erotismo profundo, pero nada de eso "completaba" mi búsqueda, una cosa que me faltaba.

Así que allá, en un dormitorio de la universidad, decidí no guardar más mi famosa *dignidad*, ni mi *sello de calidad*, y con el hombre más hermoso física e interiormente que había conocido hasta el momento, salté al vacío y con los ojos muy abiertos perdí la virginidad.

Ese cuerpo tan hermoso, la cama, la oscuridad, su cuidado, su ternura y el atrevimiento de quebrar la gran regla impuesta por la sociedad, creó un ambiente tan amable y delicioso que después de largas horas de juego, el disfrute superó al dolor y finalmente todo prejuicio explotó. Una sensación de libertad interior me acompañó. Valientemente me había ido en contra de una idea colectiva de la representación de la pureza, la integridad y la dignidad, retando lo que supuestamente en el futuro definiría mi estabilidad.

El efecto de la hazaña no tardó en manifestarse. Tenía ya otra identidad. La de "mujer fatal". No sentía vergüenza, culpa, ni me había desintegrado o convertido en insecto. Todo lo contrario, me sentía más segura de mí misma, madura, dueña de un morboso y gratificante secreto que marcaba una diferencia entre mí y frente a las demás. Pero rápidamente una voz interna estropeaba mi felicidad: ¿Habré quedado en embarazo? ¡Qué susto! ¡Ojalá que no! Y de forma intermitente, hasta la próxima menstruación, pasaba de la dicha a la preocupación.

Aprendí entonces que, para nosotras las mujeres, el miedo al embarazo era un limitante que antes, durante y después, como una sombra oscurecía una fuente de dicha y placer. Las pastillas, los dispositivos y hasta el uso adecuado de los condones eran nuestra responsabilidad, porque ante el sexo los hombres no tenían mesura y en segundos perdían la cordura.

Desde muy pequeña yo había tomado la decisión de no tener hijos. No quería que mis facultades reproductoras me convirtieran en esclava de una vida doméstica en la que como mujer y ser vivo quedara prisionera de por vida. Así que comencé a visitar médicos para operarme y ser libre de la preocupación de quedar embarazada accidentalmente, pero ellos me miraban sorprendidos e inmediatamente me enviaban donde un psiquiatra que determinara si mi mente estaba sana. Optar por no tener hijos no era lógico ni normal, y menos que una mujer de mi edad no quisiera seguir su supuesto destino. En aquella época era muy difícil para una mujer joven defender ideas vanguardistas, cuando para la mayoría lo tradicional era lo natural.

El concepto de Dios lo tenía lejos y olvidado. Me hallaba demasiado ocupada siguiendo la pista de mis sensaciones y mis emociones. Estados Unidos me proporcionaba un sentimiento de libertad que no me lo proporcionaba Colombia. El mundo exterior no me demandaba seguir ningún estereotipo relativo a mi ser de mujer. Yo expresaba lo que deseaba, y como lo deseaba sin miedo a perder nada o a ser criticada. Seguía siendo una persona tímida y reservada; seguía teniendo, como fondo musical y de manera muy abstracta, la eterna nostalgia de un paraíso perdido, mi Shangri-la; Tenía días de tono alto y días de tono bajo, pero esa realidad era menos contradictora que la realidad en la que había nacido. *Ese país tenía la magia de adormecer la conciencia*, porque todo era tan maravillosamente fácil y práctico que los problemas de la vida se reducían a la realidad más inmediata, la que poco dolía. La bandera americana mantenía el ego de todos muy bien alimentado y, cubiertas las necesidades básicas de existencia, no había nada a que temer o ponerle resistencia.

CAPÍTULO 3:
JUVENTUD

Regresé a Colombia en 1980. Rápidamente y a través de los diferentes medios, me enteré de que los eternos encuentros violentos entre los diferentes grupos, generados por diferencias ideológicas, estaban más tecnificados; la insurgencia secuestraba aviones, asesinaba, explotaba bombas, torturaba, chantajeaba, mientras que el orden establecido, en forma más disimulada, utilizaba sus armas para mantener el poder de sus ideas, de lo económico y de todo lo que la legalidad les permitía mostrar como verdad. Parecía claro que el poder, sin importar de dónde proviniera, se conseguía o mantenía manipulando, intimidando, creando pánico, subyugando. Pero esta vez había algo diferente que llamó mucho mi atención: organizaciones como las Naciones Unidas, instaban a los gobiernos del mundo a tomar medidas en asuntos humanitarios y en defensa de los derechos humanos. Ya se hablaba de modificar patrones socioculturales y eliminar prejuicios y prácticas basadas en ideas de inferioridad y superioridad. Por primera vez sentí que desde la institucionalidad aparecía una luz en la sombra de la guerra y la violencia como medio para lograr cambios en la humanidad.

Mi ciudad había cambiado. Sin necesidad de un aparato de televisión y en forma directa observé por doquier hombres y mujeres riquísimos, que no eran los tradicionalmente reconocidos por la sociedad. Eran famosos por su poder adquisitivo, inalcanzable para los demás. Los llamaban mágicos porque con sus grandes fortunas hacían aparecer o desaparecer cosas, humanos, animales, y todo lo que sentían les debía pertenecer o decidían desvanecerlo. Aunque sus actividades no eran legales, pues traficaban con droga, todos, el gobierno y sus representantes, la banca, el comercio, la iglesia, la empresa privada, la sociedad en general, les seguían silenciosamente el juego. Era un dinero difícil de rechazar ya que permitía incrementar en muy poco tiempo cualquier capital. Todos los habitantes de la ciudad, de forma directa o indirecta, teníamos que ver con ellos y con su realidad. El Renault 4 que los domingos sacaba a pasear a toda la familia, incluyendo su mascota, fue cambiado por carros de lujo, camperos y grandes camionetas. Los jóvenes de los barrios periféricos de la ciudad cargaban armas, lucían cadenas gruesas de oro, ropa y zapatos de marca. El gusto por el dinero se fue extendiendo y prácticamente todos los jóvenes, sin importar su condición social, fueron incapaces de sustraerse a la tentación de adquirir sólo lo costoso y fino para vestir, para viajar, para comer, para disfrutar o simplemente estar en la cotidianidad. El valor de los objetos, las casas, el arriendo, se incrementaron rápidamente, ellos pagaban por sus deseos valores que nosotros, los *normales*, ya no podíamos pagar, incrementando la ambición y la necesidad en la población de ganar más dinero para estar acorde con la nueva realidad.

Las fiestas extravagantes con orquestas y mariachis, las fincas de verano con grandes piscinas y caballos de paso, zoológicos, modelos, reinas, artistas famosos, grifos de oro en sus baños, ejércitos de guardaespaldas, enormes sobornos y regalos costosos, llegaban a nuestros oídos como cuentos fantásticos de gente que tenía en su manos el genio de la lámpara del poder del dinero, y un profundo respeto y veneración por la virgen de los milagros, que los protegía y guiaba al impartir despiadadamente un sentido muy propio de la justicia.

Pablo Escobar, los hermanos Ochoa, Gonzalo Rodríguez Gacha, Carlos Lehder, entre otros, eran ocultamente admirados y envidiados porque con su dinero hacían lo que de niños todos habíamos soñado. Ni se diga de la gente que los consideraba dioses porque les regalaban casas, canchas de fútbol y mercados. A nadie parecía importarle el daño que esta droga hacía a otros humanos, sobre todo si los que la consumían eran norteamericanos.

Me había llegado la hora de decidir qué hacer con mi vida y, por aquello de hablar inglés con fluidez, me contrataron como guía de turismo en un lujoso hotel de la ciudad. El permanente contacto con viajeros de otros continentes, el estudio constante acerca de Colombia, mi ciudad y sus alrededores en términos históricos, geográficos, gastronómicos, culturales, rumberos, y ese extenuante pero divertido y entretenido trabajo, permitieron que mi aterrizaje de nuevo al país no fuera tan traumático como la primera vez. El mundo del turismo se convirtió en mi profesión y en el medio perfecto para aprender de este planeta, sus gentes, cultura, diversidad y vida. Me abro así al encuentro con mi espíritu viajero.

Agencias de viajes, hoteles, aerolíneas, múltiples historias de viajeros, aventuras, seminarios, talleres, viajes por el mundo, embajadas, visas, países, clima, geografía, tiquetes aéreos, equipajes, pasaportes, cócteles, desayunos, almuerzos, cenas y rumbas de trabajo, acompañados de un alto nivel de stress, creatividad, ansiedad, paciencia, preocupaciones, metidas de pata, largas horas de trabajo, cinco teléfonos en la mano, cinco clientes frente a ti esperando a ser atendidos, todos con distintas rutas, demandas, gustos y genio, se convirtieron en mi día a día.

El delicioso sabor de vivir la vida como un juego se extinguía a medida que la seriedad de las obligaciones económicas nacía: seguro social, apartamento, carro, alimentación y muchas cosas más iban sutilmente cambiando la visión de la vida por una más apremiante en tiempos, funciones y responsabilidades.

Era una época en donde las compañías relacionadas con el turismo tenían grandes presupuestos para mercadearse y para capacitar a sus promotores, lo que se reflejaba en fiestas espectaculares, desayunos, cenas, cócteles, música, videos, viajes por el mundo en primera clase en avión, barcos o yates, hoteles de lujo, finos restaurantes, tours y atenciones gratis. Conocí la mayor parte del planeta y me acostumbré a llevar una vida descomplicada en mi vestir, en mi pensar, en mi actuar. Aprendí a respetar los límites permitidos por cada cultura o grupo social perfeccionando el arte del camaleón, mimetizándome de acuerdo a las exigencias de cada situación, no con el afán de ocultarme, sino por respeto a la diferencia y porque de esta manera adquiría fácilmente un sentido de pertenencia que me permitía interactuar fluidamente con los nativos de cada país como si fuera de allí y sentir sus sentimientos, pensar sus pensamientos, reír con su mismo humor, y concluir que al final todos, aunque diferentes, éramos los mismos y que el amor y el respeto por el otro eran sentimientos contagiosos que unían y creaban lazos de por vida, sin importar las diferencias con respecto al amor, al sexo, la versión de Dios y su culto, la verdad, la moral, la libertad, la muerte y muchas cosas más relativas a la historia y el pasado de cada cultura y sociedad. Descubrí que no existía una gran verdad, existían múltiples versiones a lo que dábamos carácter de verdad. Pero todos por igual, como niños, buscamos amar y ser amados, así como buscamos la escurridiza felicidad. Sin importar el lugar ni qué tan avanzada estuviese (de acuerdo a las mediciones humanas) una sociedad con respecto a otra, ni cuánto creyese en Dios, dioses o en la espiritualidad, en ningún lugar existía el equilibrio, siempre había una búsqueda o una urgencia, porque algo se tenía que mejorar o porque algo faltaba por superar.

En lo referente concretamente a mi cultura latina, nada había cambiado en esencia a lo aprendido en mi niñez. Habíamos avanzado tecnológica e ideológicamente, teníamos una forma de relacionarnos más informal, no sólo entre los sexos, sino con la autoridad, la iglesia, la familia, la sociedad en general. Pero en el fondo, la rígida moral, la culpabilidad y el temor de Dios, el concepto del amor, el rol del hombre, el rol de la mujer, la representación de estos en las novelas mexicanas o venezolanas, el dramatismo del tango, lo superlativo de la ranchera y la depresión de la música de carrilera seguían rigiendo nuestra cotidianidad. Por más que avanzáramos en tecnología y en ideologías, no era posible escaparse de la doble vida, la doble moral para poder vivir en sociedad.

Aunque ya era una persona adulta, viviendo en un mundo de adultos, con una mente abierta a nuevas ideas y formas de vida, los temores adquiridos en mi niñez me traicionaban cuando menos lo pensaba, en situaciones que no deseaba, sobre todo en los terrenos en que el amor y la pasión se involucraban. Me era imposible conservar la misma forma de amar cuando establecía una relación con un latino a cuando la establecía con alguien de otro continente, ya que con estos últimos yo fluía, permanecía segura y sentía que me miraban como los miraba yo, sin prejuicios, exigencias o posesión. Pero cuando llegaba un latino, me sentía celosa, nerviosa, insegura, quería agradar en todo momento y no sólo me sentía responsable de su felicidad, sino que, como si entrara a la casa del terror, aparecía mi interlocutor: ¿Me estará siendo fiel? ¿Por qué no me llama? ¿Dónde estará? ¿Cómo hago para que no tome tanto trago? Es mejor no mostrar mucho amor porque se cansa y se va. Tan lindo como me cela... ¡se ve que me quiere tanto! Tengo que demostrarle que mi vida y mi centro son él, para que no se sienta inseguro de mí... En resumen, mi respuesta al amor latino era un desastre, estaba totalmente condicionado a lo aprendido en mi niñez, esa época en la que había interiorizado que el amor era inseguro, demandante, estresante y fuente de manipulación.

De todas maneras, ni el amor *hecho en casa*, ni el amor *hecho en el exterior* llenaba en lo profundo de mi ser mis expectativas con respecto a ese tema. Sin importar nacionalidad, para nosotros los humanos el amor y la fatalidad eran sinónimo de "normalidad". Lo expresábamos en los libros, las canciones, las novelas, las películas, la televisión, las conversaciones cotidianas. Todos deseábamos el amor eterno, pero siempre algo lo truncaba. La química de cada encuentro nos hacía crear historias fantásticas de amores eternos, pero moríamos en el intento y vencidos terminábamos conformes con la inconformidad. Los hombres hablaban mal de sus mujeres, las mujeres de sus hombres. La infidelidad era la salida del absurdo, la enfermiza dependencia de los unos para con los otros cegaba la propia realidad y la insistencia de todos en que ese modelo era el correcto para la armonía y la sanidad, impedía el menor cuestionamiento que resquebrajara eso que llamaban *felicidad*. No había persona con la cual hablara y le preguntara si era feliz con su pareja y que me respondiera: claro que sí, y tras esta afirmación aparecía inevitablemente el *por lo menos*... Ese *por lo menos* me hablaba de carencias individuales, de infelicidades escondidas y de espíritus muertos. Con pasiva aceptación, las familias encaraban su obligación, convencidas de que ese era el mandato de Dios y el *devenir* normal que demandaba la vida, al igual que los roles establecidos para cada cual. Las personas dejaban de ser seres individuales y se volvían familias, convirtiéndose en seres grupales, operando como tal para poder continuar dándole forma a la sociedad, olvidándose de sí mismos, de su particularidad como hombres, como mujeres, como ancianos, como niños, reproduciendo inconscientemente un orden que, si bien con cada generación cambiaba de forma, guardaba por siglos las cadenas de una unión que no daba respiro ni posibilidad a que, aunque juntos y en grupo, cada cual pudiera expresar su individualidad.

Daba miedo, mucho miedo, ser diferente, no seguir las reglas, salirse del orden, ser rechazado o mal mirado. Era preferible perderse en otros y continuar con la pantomima de que como vivíamos la vida era lo correcto y el único camino al éxito, a *ser alguien*, a la felicidad. El amor lleno de conflictos era lo normal.

Continuaron los viajes, la rumba, las lecturas, el trabajo, los amores, las aventuras, hasta que apareció ante mí otra realidad que tenía cara de ser la verdad: la intelectualidad y la bohemia. Cumplía 24 años. Un día cualquiera y sin buscarlo conocí a un hombre maravilloso, un latino de una especie que nunca antes había encontrado, una persona que, al igual que yo, buscaba coherencia en lo humano: Jorge, mi eterno amigo compañero de un sinnúmero de aventuras. Con él me acerco al mundo interior de los hombres de una forma diferente, cercana, intima.

Quisimos saber por qué los hombres y las mujeres no se podían comunicar de la manera profunda como se comunicaban con su mismo sexo. Quisimos darle la oportunidad al otro de vivir de acuerdo a su real sentir, sin exigir, rechazar, juzgar. Quisimos desposeernos de las barreras que nos impedían actuar espontánea y sinceramente con el otro sexo, quisimos aprender a ser libres y vivir sin las cadenas que nos imponíamos a nosotros mismos y a los demás. Lentamente y en un largo proceso, logramos el ideal; me convertí en su amigo y él se convirtió en mi amiga, conocí los secretos de los hombres, el conoció los de las mujeres. Fuimos amigos más allá de la barrera sexual, fuimos amantes que, amándonos, dejábamos a cada cual en libertad. Cayeron máscaras, prejuicios y un acompañamiento eterno de vida. Él fue un regalo hermoso en esta búsqueda y, aunque hoy cada cual está viviendo lo que le ha correspondido, nuestro afecto permanece intacto, como son los afectos creados por lazos que nacen cuando se comparte el alma en una profunda intimidad.

Con él me llegó la bohemia y un mundo que a través de la intelectualidad asumía posiciones críticas frente a lo establecido, escritores, pintores, políticos, médicos, psiquiatras, músicos, docentes, un grupo exquisito de hombres que me deslumbraba y a los cuales admiraba.

Chico Buarque, Maria Betania, Caetano Veloso, Silvio Rodríguez, Celia Cruz, Pablo Milanés, Mercedes Sosa, Intilimani, la música clásica, la trova cubana, el cine no comercial, las obras de arte, la palabra creativa, la genialidad, el tinto, el vino, el coñac, la coca, la marihuana, el aguardiente y el ron acompañaban largas noches de disertación sobre lo humano, lo divino, lo político, lo económico y todo aquello que proporcionara un medio para demostrar lucidez y capacidad de disertar. Un mundo hasta el momento apasionante y desconocido por mí. Un mundo en donde el *gran saber* lo tenían prácticamente los hombres y en donde apenas si me atrevía a hablar, obnubilada por esas mentes sabias que todo parecían saberlo, aunque no supieran escuchar.

Cansada de mi ignorancia y en el afán de conocer, decidí estudiar sociología para poder estar un poco más a tono con ese mundo deslumbrante de palabras bellas, ideas que rayaban en la genialidad y un saber profundo sobre el arte, la historia, la política y los ensueños del mar… Para mi sorpresa, y a medida que estudiaba, investigaba y aprendía, se me iba revelando la arrogancia que del conocimiento tenía el mundo de la intelectualidad. Descubría en su discurso una mezcla de conocimientos trasnochados, mezclados y adornados con la riqueza de un lenguaje que sabían utilizar.

Lentamente mis ídolos comenzaron a caer. En la medida en que mi saber fluía, la imagen de estos sabios hombres se diluía. Me fue entonces claro que, en ellos, la cabeza y el pene tenían una comunicación directa que neutralizaba la espontaneidad de sus afectos, impidiendo una conexión sana con el mundo femenino del cual desconocían todo, al tiempo que con palabras, gestos, demandas y obligaciones lo poseían. Las mujeres por su parte, perdidas de sí mismas, apoyábamos esa locura, porque una ceguera impuesta nos impedía ver lo más profundo de nuestro ser.

Marx, Engels, Martha Heineker, Maquiavelo, Comte, Durkheim, Weber, Foucault, Borges, entre muchos otros, me enseñaron la genialidad de las diferentes ideas. La sociología en general me enseñó a estructurar, analizar, interpretar e investigar. Lo más práctico y cercano a mi búsqueda lo encontré en el ideal del humanismo marxista en el cual, y en términos bastante generales y resumidos, si se cambia la estructura económica de una sociedad, se cambia su pensamiento, su política y sus leyes, permitiendo la liberación del hombre.

¡Mi nueva identidad, mi nueva verdad interior: el pensamiento de izquierda! El concepto abstracto de izquierda de mi adolescencia y entrada a la madurez lo asumí en ese período como verdad y filosofía de vida. Si todos tuviéramos acceso al estudio, al trabajo, a la participación equitativa de lo que en la sociedad se producía, si fuéramos ante nuestros ojos iguales, la felicidad y el amor llegarían, y con optimismo más leía y más creía.

Un día comencé a observar cómo mis profesores, profesoras, amigos y amigas que creían y luchaban por la igualdad de clases, la transformación de modelos económicos y de la sociedad, en la intimidad de sus casas, en la cotidianidad, repetían los modelos tradicionales de cualquier hogar. Una vez en la intimidad de sus hogares los hombres subordinaban a sus esposas o compañeras, les gritaban a sus hijos, las mujeres aguantaban y les servían como cualquier mortal, olvidando que eran los y las portadoras de ideas expansionistas, libertarias y de igualdad. Querían transformar el mundo, pero un inconsciente heredado desde la eternidad les quitaba la comprensión de que la transformación no significaba nada si en su mundo personal conservaban lo que tanto rechazaban.

De nuevo el discurso y el actuar estaban divorciados. Seguíamos violentos, solos, tristes, nostálgicos, pedantes, egoístas, con momentos efímeros de felicidad. Aquello de que cambiando nuestras condiciones externas de vida era suficiente para vivir en paz en la sociedad se empezó a mostrar como un sofisma más, ante la inconformidad de los que para ese momento vivían sociedades creadas con esa ideología, básicamente la Unión Soviética y Cuba.

Me alejé de esos discursos y alborotos sin haber encontrado la gran verdad y regresé a mi vida cotidiana. Poco después apareció en la agencia de viajes en donde trabajaba en el momento, una mujer bastante *rara*, de cabello muy corto, ropa suelta, muy segura de sí misma y un discurso que avasallaba. Quería viajar a un encuentro feminista en otro país y ante la pregunta: *¿un movimiento feminista qué es?* se abrieron las puertas de nuevas fronteras. Todo lo que ella decía, mi mente abierta lo recibía y en esa dirección enfoqué mi atención. Ella era profesora de una reconocida universidad en la ciudad, escritora, y famosa feminista que tuvo una incidencia muy profunda en mí y un gran número de mujeres buscadoras de la época, porque a través de ella conocimos y tomamos consciencia de otra forma de percibir la realidad, muy diferente a la aprendida en la academia, a través de los medios culturales y sociales, en síntesis de todo lo que hasta ese momento me había correspondido vivir.

A través de esa forma tan especial de percibir la realidad y su coherente discurso, no me fue fácil pero finalmente comprendí que nosotras las mujeres habíamos integrado y hecho propia una forma de mirar el mundo totalmente masculina, porque así lo veníamos heredando desde siglos atrás, e inconscientemente ejercíamos sobre nosotras mismas el machismo y considerábamos reales los comandos de inferioridad y/o debilidad de nuestro género.

Era tan sutil este tema que yo misma me sorprendía como reproducíamos esquemas que no tenían nada que ver con la realidad que hasta el momento me había acompañado. Me tomó mucho tiempo comprender las sutilezas de ese pensamiento feminista porque a diferencia del pensamiento de izquierda, lo político estaba presente todo el tiempo en nuestras vidas porque más allá de reclamar derechos e igualdades, el cambio debía provenir del interior de nosotras mismas. Debíamos descubrir primero quiénes éramos detrás de esa imagen elaborada por otros en cuanto lo que nos correspondía ser.

Esta vez mi identidad, mi verdad interior, fue la de mujer feminista. Hasta ese momento, y en mi orden de ideas, para mí las mujeres se dividían entre las que eran amas de casa y, las que habían o no tomado la opción de no casarse y en forma burlona se denominaban solteronas; las que eran inteligentes, las que hablaban a toda hora y unas supuestamente pocas mujeres que, según la historia escrita por lo hombres, habían ocupado un lugar conocido en la historia. Todas ellas, para mí, se dividían, a nivel general, en el grupo de las tradicionales que habían elegido el camino de la abnegación y la resignación como forma de vida, y las librepensadoras que como yo se interesaban por el devenir de la humanidad y no deseaban aceptar ese papel tan absurdo designado por la sociedad.

Las mujeres eran en mi vida grandes amigas, compañeras de muchas aventuras, confidentes y consejeras, pero cuando se trataba de cosas que yo consideraba importantes, no las tenía en cuenta por *sensibleras*. Me ofuscaba su silencio y la forma de soportar las cargas que aceptaban sin protestar. Me costaba comprender esa manera de ser en la que sin un marido parecían desaparecer. Me sentía superior a ellas por aquello de poseer la fuerza e independencia de hacer lo que quisiera y volar según mis sueños y ansias de libertad. A muy pocas las veía como a una *igual*. Pero todas eran mis amigas por aquello de la complicidad y porque tenían un sentido de lo absurdo y de lo mágico que me divertía y que sólo era posible hallar en el género femenino. *No me había percatado que mi comportamiento era igual al arrogante comportamiento masculino que, creyéndose dueño del mundo, sólo tapaba su debilidad. Fue todo un proceso aceptar y comprender que precisamente allí, en lo que más despreciaba de ese mundo femenino e infantil, existía toda una sabiduría y una forma de vivir y que mi manera de pensar acerca de lo femenino era relativo a la creencia que desde siglos había aceptado con pasividad.*

Con el feminismo, un nuevo lenguaje se abrió para mí. La vida entera vista desde el sentir femenino era la constante apertura de un baúl lleno de sorpresas, magias, mundos desconocidos pero reconocidos por mí.

Comencé a asistir a la Colectiva de Mujeres, un espacio de autoconciencia en donde, para mi sorpresa, no se competía con ideas brillantes, grandes marcos teóricos o maneras de cambiar el mundo. Era un espacio para hablar de nosotras mismas, de lo que sentíamos, deseábamos, gustábamos, rechazábamos, temíamos, amábamos. Se hablaba de lo cotidiano, del sentir frente a las diferentes circunstancias de la vida, del esposo, del amigo, de la amiga, del trabajo, del sexo, de los padres, de los hijos, pero de una forma diferente a como se puede expresar en un salón de té o en un consultorio psiquiátrico. Se buscaba un lenguaje propio que nos definiera desde nosotras mismas, no desde roles asumidos desde eones, sino como las personas creativas, amantes, participativas, productivas que éramos en el planeta.

Esa forma de comunicarse, tan diferente a la acostumbrada, me bloqueó por completo. Casi no podía hablar o expresar. *¡No sabía hablar de mí misma!* sabía hablar de mis ideas, de mi sueño de un mundo mejor, de lo que yo había aprendido a pensar que sentía, pero nunca de una manera tan íntima y desnuda que dejara en evidencia mis inseguridades, vergüenzas, rabias, impotencias y todo lo que consideraba el lado oscuro de mi yo. Pasé varios años en lo que podría llamarse *un estado mudo*. Mi elocuencia intelectual en el mundo de los hombres no se había perdido, por el contrario, ganaba en información, pero la palabra desposeída de ideas y que hablara tan sólo de mi interior no existía.

Se inició un nuevo viaje de conocimiento hacia un universo lleno de sol, ríos y flores, al igual que lágrimas y laberintos: el camino hacia mi interior, hacia el descubrimiento de mi ser, desde lo femenino. Había iniciado un proceso en el que sentía que iba cayendo en un abismo desconocido que me hacía sentir más tímida, confusa e insegura. ¿Quién era yo?

Virginia Wolf, Vita Sackville-West, la revista Brujas, Frida Kahlo, Lilith o la Luna Negra, Mina, Sheila Rowbotham, María Villa, Gema Cristina Márquez, Martha Cecilia Vélez, Flora María Uribe, Chila, la Colectiva de Mujeres, marchas, grafitis y eventuales encuentros eróticos con otras mujeres eran ahora mi realidad. Fascinada por la versión femenina del mundo, navegaba descubriendo una sensibilidad y un lenguaje que me hacía comprender la riqueza de ese universo que, aparentando ser estático, pequeño y silencioso, era el camino para recuperar la visión de esa otra parte humana olvidada en la evolución.

La Colectiva de Mujeres, había logrado abrir un lugar que sin saberlo estaba asegurado con llaves y candados: Las emociones, sensaciones, sentimientos y resentimientos comenzaban lentamente a taladrar el bloque compacto de la lógica, las creencias y la razón. Ese desconocido, misterioso e ilógico lenguaje que me dejaba muda al no encontrar en el momento una forma de expresión, era el que de allí en adelante y de manera sutil me iría conduciendo a un laberinto interior en donde cada paso que daba borraba las pistas de antiguas identificaciones como género y, por ende, como habitante de este planeta.

En medio de todos estos cambios conocí a un hombre maravilloso llamado Flavio; similar a mí en la forma de pensar, de concebir la vida y con un sentido del humor, ingenuidad, inteligencia, amor por la libertad, que me hacía sentir muy cómoda, borrando en mí toda inseguridad con respecto al compartir mis sentimientos con un hombre latino. En medio de unos tragos, decidimos compartir la vida y aunque nos casamos para no crear traumatismos en nuestras familias, nos sentíamos sin compromisos, ataduras o todo aquello que nos llevara a conformar una pareja tal como esta era concebida por la sociedad. Nos casamos en *blue jeans*, mochila y camiseta en una iglesia de la vecindad. Había entrado en "*modo*" matrimonio.

Fue la época en que conocí y experimenté la fuerza que las creencias inculcadas como fuente de verdad y por lo tanto la supuesta *espontánea y natural* reacción ante las situaciones que vivimos: Para mi asombro, el matrimonio me trajo, automáticamente, una sensación de seguridad desconocida. Como si al ingresar en el grupo de "las casadas" me hubiera sutilmente quitado un peso de encima y sintiera un poder dentro de mí que no podía definir. Algo me había *engrandecido* y me había colocado en un grado superior con respecto a las mujeres solteras. *Había cumplido con las expectativas que como mujer mi cultura y mi sociedad reclamaban y exigían: Casarme y formar una familia.* El tiempo me dio a saber que no sólo esa expectativa proveniente del inconsciente colectivo se había cumplido pues tenía muchas otras por realizar. La fuerza de la tradición o del "inconsciente colectivo" del que hablaba el analista Carl Gustav Jung, en el que en términos generales habla de la existencia de una memoria colectiva en la humanidad que, sin importar el tiempo o lugar, se expresa en forma espontánea en nuestros comportamientos a nivel social, cultural, familiar etc. era tan supremamente fuerte que, a pesar de haber comprendido que el mundo no era precisamente lo que me habían enseñado, de haber desarrollado una actitud cuestionadora frente a los órdenes que nos impedían ser mujeres auténticas y de haber decidido compartir la vida con un hombre que no me consideraba su bastón, con el tiempo, cuando la vida cotidiana se fue volviendo costumbre, fui perdiendo lentamente la felicidad de compartir, para asumir una sensación de obligatoriedad para con las cosas que tuviesen que ver con el orden del hogar. *Tenía* que arreglarme para que él me viera bonita, *tenía* que tener el almuerzo listo y caliente para cuando llegase, *tenía* que tener la casa arreglada, ese *tenía* comenzó a molestarme bastante, no comprendía la razón de esa sensación, yo no estaba siendo sometida a ninguna presión en esa dirección. ¡Supe que espontáneamente se me había activado el rol de mujer casada heredado de mi cultura y entorno social y ese si era un fenómeno grave y sorpresivo con el que lidiar!

Tuve que luchar para transformar en mi mente esa grabación colectiva de que sólo perpetuando un rol tradicional se podía conservar un hogar, una relación, una supuesta estabilidad. Tuve que *trabajar* para que el miedo y la culpa se fueran, y prevaleciera en mí el concepto de relación con el que realmente vibraba: las personas se unen para acompañarse, apoyarse, ayudarse y amarse. No existen los deberes y las obligaciones. Existen responsabilidades compartidas con alegría. Era delicioso vivir con un hombre que no deseaba que fueras una persona diferente a la que eras, que no imponía, que compartía, se divertía, comprendía, te acompañaba, escuchaba. Teníamos conflictos, desacuerdos, inseguridades y todo lo que aflora cuando se comparte la vida con alguien, pero también nos acompañaba una manera sincera e interesada en la resolución de estos.

Tanto la vida de él como la mía seguía su curso normal, el feminismo seguía siendo mi bandera principal. En nuestra casa siempre había gente, humo, licor, aventura, risas, temas para discutir, mezclados con cuestionamientos sobre nuestro interior, ya que el despertar de mi eterna búsqueda se extendía y un nuevo lenguaje, propio, de mi cosecha, aparecía.

La aventura nos tentó y decidimos viajar y buscar en Europa un lugar que nos gustara para vivir un tiempo en el exterior. Pero la nostalgia y el amor de patria nos hicieron retornar a casa, con la diferencia de que a nuestro regreso ya no éramos los mismos, queríamos intimidad, silencio, recogimiento, sólo nosotros dos. Cesaron las fiestas y las multitudes, sólo los *íntimos* permanecieron a nuestro lado. Mantuvimos nuestra independencia, nuestra comunicación, nuestra manera de amarnos. Pero una dura realidad nos separó: el alcohol.

Cuando se fueron las fiestas y celebraciones, yo me olvidé del alcohol y fue allí donde descubrí que para él no era posible hacerlo. Tenía un problema de adicción. Al principio ignoré lo que ocurría, ya que su problema de alcohol no se presentaba todos los días y era más fuerte lo que compartíamos en los momentos de sobriedad que los espacios en que él bebía para *relajarse* y *olvidar* un poco la realidad.

Paulatinamente, lo que para mí había significado un disfrute se fue volviendo un tormento. Sus tragos, que antes me divertían, ya me estresaban, me habían convertido en su perro guardián para que cuando bebiera nada le pasara y si bebía y se ponía violento no le pasara a los demás, y lentamente me fui convirtiendo en su mamá. Me sentía responsable de su seguridad y su bienestar, así que aprendí a ignorar lo que una voz desde lo profundo me decía: no vas aguantar. Y no aguanté. Después de librar múltiples batallas para que dejara de beber, que nunca condujeron a ningún lugar, de lidiar con mi culpa, miedo y con un dolor desconocido por mí, me fui. De nuevo y de forma automática se me activó otro comando relativo a la separación. La sensación ahora era de fracaso. Lidiar con esa sensación que nada tenía que ver con la realidad pero que expresaba lo que se suponía era el objetivo, misión, dirección, logro de toda mujer equilibrada y normal como sostén, felicidad y sacrificio de un eterno hogar, fue muy duro pues cohabitaba con el dolor sordo y agudo de su ausencia y la culpa de haberlo dejado sujeto a una adicción que tarde o temprano sería su destrucción.

La vida siguió y yo sin vida la seguí viviendo. Era como si al caminar arrastrara un peso inmenso que doblaba mi espalda y me impedía mirar hacia adelante. El dolor de la separación era tan grande que me sentía dividida en dos, como si una parte de mí misma se hubiera quedado en él. No tenía respuestas, no tenía preguntas, sólo una sensación profunda de soledad, derrota, nostalgia, fracaso, y un miedo aterrador.

En los momentos en que sentía que ya no podía más y queriendo escapar del miedo y del dolor, lo llamaba pidiendo auxilio y él, con esa manera de los hombres de contener en silencio el dolor, me decía con tristeza: "volvamos negrita, cometimos un error". Pero no era posible tapar con un dedo el sol. El alcohol era su sombra y habíamos perdido los dos.

En aquella época estudiaba psicología en las mañanas, trabajaba durante el día y en la noche, en otra universidad, había retomado los estudios de sociología. Recién operada de los ojos, no podía conducir, así que, al desastre de mi separación, le tenía que sumar interminables horas en buses llenos de gente, como en una caja de sardinas, con canciones de despecho, olores, empujones, palabrotas y frenazos que lo hacen a uno tambalearse si no encontraba dónde sentarse, las manos disimuladas de hombres que aprovechan para tocarte, el bolso al cual se debe uno aferrar, los que recitan, los que cantan, los que piden y se despiden, una nevera vacía porque detestaba cocinar, un retorno a un trabajo en el que no me podía concentrar y una constante sensación de desolación interior y exterior. Tenía 29 años.

CAPÍTULO 4: MADUREZ

Un par de años después de haber entrado en lo que llamamos madurez y cansada de estar cansada, de extrañar y sentir tanto dolor, decidí salir de nuevo a vivir la vida y acepté la invitación de una vieja amiga a una fiesta en su casa. Ese día exactamente apareció Piedad. Una mujer 12 años mayor, con algo que me atraía, inquietaba y encantaba y, ¿por qué no? Comienzo entonces otra relación, una nueva experiencia con respecto a eso que llamamos amor.

Hasta ese momento los encuentros eróticos con otras mujeres me llevaban siempre a la misma pregunta: ¿Por qué con ellas siento lo que con ellos no? ¿Por qué con ellos siento lo que con ellas no? El encuentro erótico con los hombres me vinculaba de una manera apasionada y física. El encuentro erótico con las mujeres me sumía en un mundo interior de recogimiento y ternura y aunque mi gran deseo era encontrar un ser humano que encarnara en sí mismo esas dos facetas masculina y femenina, pensaba que esa idea solo hacía parte de mi imaginario y elegía como pareja al sexo con el cual me sentía más cómoda: el masculino. No sabía en ese momento que ese imaginario de encontrar en forma equilibrada lo que llamamos masculino y femenino era un estado real de completitud que palpita dentro de todos nosotros pero que al no saber cómo hallarlo buscamos equilibrarlo a través de encuentros con otros en el mundo exterior.

Cuando Piedad apareció en mi vida no asumí ninguna nueva identidad como acostumbraba hacerlo cada vez que se abrían ante mí nuevas realidades. Todo se dio de una manera tan serena que fue como una continuidad de la cotidianidad. Extrañamente, no cuestioné el amor, ni el hecho de pertenecer al mismo sexo. No tenía preguntas y no busqué respuestas. Mi círculo íntimo de amigos y amigas aceptaron esta nueva situación, sin alarmas ni objeción. Fuera de este círculo, en nuestro entorno exterior, no se hablaba de este tema, ambas sabíamos las fibras tan delicadas que el tema de dos mujeres juntas desataba. Entendíamos que, para la mayoría de las personas, sobre todo las que vivían bajo esquemas tradicionales, un encuentro afectivo entre personas del mismo sexo entraba dentro de los comportamientos que rayaban en la "anormalidad" y generaban rechazo e incomodidad, así que con poca frecuencia y bastante prudencia salíamos en sociedad. Nunca nos interesó poner en evidencia la fuerza de este nuevo amor y con naturalidad la vida su curso siguió.

Aunque muy unidas por el corazón cada una conservó el lugar donde vivía, sus amigos, sus espacios, cosa que me encantó. Aquello de que, en el encuentro con otro ser, lo *tuyo* y lo *mío* se vuelve *nuestro*, con el tiempo era fuente de conflicto, sobre todo en el momento de una separación. Ese volverse otro lo alejaba tanto a uno de su ser interior, que lo volvía adicto a la energía de la otra persona con quien se compartía la vida, y en el enredo y por no tener otra explicación al apego, lo llamábamos "amor".

Compartir afectivamente con otra mujer era diferente. Los patrones del *deber ser* implícito en las relaciones heterosexuales no ejercían ninguna presión, el sexo se podía vivir relajadamente, ya que no existía la más mínima preocupación de un sorpresivo embarazo y el compartir el mismo género posibilitaba similitud en el lenguaje en tantas áreas proporcionaba mucha comodidad, fluidez, infinita ternura y comprensión. También, y como opuesto, los momentos de conflicto, peleas, desentendimiento y demás eran mucho más intensos y se expresaban con más emocionalidad.

De forma extraña, no me sentía lesbiana, gay, torcida, fea, marica, delincuente, anormal, pecadora, homosexual o cualquier otro adjetivo con el que me habían enseñado a considerar a todas las personas que decidían libremente vivir de forma diferente su afectividad y sexualidad. La química que me atraía hacia los hombres seguía operando igual, pero su referente de vida en una cultura machista que los hacía pretenciosos, egoístas, ciegos y sordos al mundo y necesidades femeninas se habían vuelto para mí una barrera difícil de atravesar, ya que la comunicación con la mayoría del género masculino terminaba en una sola dirección: la de ellos… Y es que en esa época los hombres y la sociedad en general aún estaban lejos de pensar que ellos debían cambiar, porque para el momento, el principio de que ellos eran dueños de la creación estaba tan arraigado que compartir con una mujer independiente, con ideas propias y en posesión de sí misma, les impedía expresar lo que en la época se definía como masculinidad. El control sobre la mujer y los hijos, el trabajo, una amante temporal o fija, sumado al factor dinero, eran los contenidos que les daban status, reconocimiento y posición, objetivo, meta y misión a todo hombre que se respetara y tuviera claro que allí estaba su redención. Al igual que las mujeres, ellos también y desde una posición más privilegiada, tenían que cumplir con su rol. Encontrar en esos momentos en mi ciudad otro hombre como quien había sido mi marido, con la decisión de vivir fuera del rodaje de un sistema que encadenaba, era para mí un imposible matemático, así que ni siquiera buscaba.

Cuando la conocí a ella sentí una cómoda familiaridad, aquella que se siente cuando se conoce profundamente a alguien, y simplemente con naturalidad, dejé que todo fluyera y fuera. Ella, con más edad y experiencia que yo, estaba lejos de esquemas académicos que rigieran y limitaran su pensar. Yo buscaba un lenguaje propio que brotara de mí misma, pero mi mente recién formada por la academia tercamente fundamentaba la existencia y el acaecer de este planeta, sólo a partir del devenir histórico y el desarrollo económico de una sociedad.

Yo escuchaba a Susana Rinaldi, Nacha Guevara, Tina Turner, Bon Jovi, Sade, Mercedes Sosa y demás. Ella escuchaba a Tomita, Andreas Vollenweider, Jean Michel Jarret, Kitaro, Tangerine Dream, una música que no invitaba a ninguna acción, sólo a disfrutar. Mis lecturas estaban influenciadas por el feminismo, la academia y temas similares. Ella leía el I Ching, a Krishnamurti, Alister Crowley, Carl Sagan.

Yo creía en el método científico como único medio para explicar la realidad, que en términos generales significaba que lo real era sólo lo que se podía probar. Ella indagaba en la astrología, los mándalas, la mística y en divulgaciones científicas sobre física quántica en general.

Ambas éramos amantes de la lectura, buscando encontrar respuestas a la eterna incógnita sobre todo lo terrenal. Y aunque su punto de partida y el mío eran diametralmente opuestos, compartíamos ideas, descubrimientos, sensaciones y rechazos de lo que leíamos, comprendíamos y aprendíamos de la vida, de nosotras, del saber universal.

Ella me trajo un mundo *mágico* como medio de interpretación. La música, el sol, la luna, los animales, el viento, los colores, los sabores, en donde las formas y no formas adquirían una nueva dimensión.

Antes de conocerla, yo tenía ante la naturaleza y la belleza de la creación la actitud de una persona que mira rápidamente una fotografía y la olvida. Ahora, y por ley de arrastre, me detenía a observar, a escuchar, y me daba mucha curiosidad el mundo de ella tan especial.

Con el tiempo, el proceso de separación comenzó a evidenciarse y como siempre la primera reacción fue la negación a perder lo construido y las ganas de *salvar* la situación. Cada desencuentro yo lo tapaba con una *curita* y cuando llegaba la reconciliación, instintivamente borraba toda fuente de discordia y llamados de atención que la vida traía. Yo ya había comenzado a sentir que se abría un vacío entre ella y yo, pero me resistía a creer que este vacío fuera más poderoso que el corazón. Yo estaba en una edad en que aún deseaba bullicio, ella silencio y meditación. Sin percatarme en el momento, aquello que me estaba dando vida nos separó. Había llegado el momento en que debíamos cada una y a nivel individual seguir con nuestro aprendizaje, ya que lo que cada cual había bebido en la fuente de la otra, lo debía digerir en otra dirección. No era posible para mí acompañarla en sus profundidades porque no era mi momento ni mi situación, y ella no podía desandar lo andado y parar su viaje en aras de esperar a que yo creciera y adquiriera su vibración. Teníamos 12 años de diferencia en tiempo de aprendizaje y búsqueda que no se podían ignorar. Quizás si hubiéramos sido personas que sólo deseáramos vivir al calor de los afectos por una eternidad, habríamos podido continuar, pero nuestros espíritus nos impulsaban con mucha fuerza a seguir el camino que le correspondía a cada una para hallar su correspondiente verdad.

Finalizaba la década de los años 80. Tenía 32 años. A nivel de los sucesos planetarios y la manera como los humanos en forma grupal respondíamos a ellos, para mí, todo seguía igual; sólo cambiaban nombres, lugares, ideas y formas para luchar. El terrorismo internacional y nacional se recrudecía e intensificaba. Las desapariciones forzadas, las torturas en sus más crueles manifestaciones, genocidios, violaciones, escuadrones de la muerte, mecanismos de represión de los estados seguían siendo las formas elegidas para que otros cambiaran sus ideas, su forma de pensar y poder ejercer sobre ellos el poder.

En Colombia, la guerrilla, con el fin de financiarse, había elegido a hacendados, comerciantes y mineros para el boleteo y la extorsión, y estos, cansados de esa situación y la falta de apoyo de la institución, armaron hombres y los llamaron grupos de autodefensas que, apoyados en silencio por el ejército, le declararon la guerra a toda la izquierda y a lo que sonara a desorden o intimidación. Más tarde, la guerrilla vislumbró que el capital de la mafia era perfecto para la extorsión, secuestrando así a la hija de uno de ellos, quienes a su vez y como respuesta se aliaron con los grupos de autodefensas para mostrar y enseñar que ellos eran intocables y que su poder no se ponía en cuestión. El coctel entre dinero y odio por la izquierda posibilitó con el tiempo la compra de sofisticados medios terroristas y, entrenados por británicos e israelitas, aprendieron de armas, de estrategias militares y su lucha se internacionalizó.

En medio de todo esto, al grupo de los mafiosos los picó el bicho del poder político. Se metieron en terreno prohibido.

El poder político en Colombia era sagrado para quienes desde hacía siglos manejaban los hilos de la nación, una mayoría por herencia y otros pocos por suerte política. La extradición a Estados Unidos se convirtió en el arma del Estado y la guerra se desató, los mafiosos mataron a cuanto político estuviese de acuerdo con esa posición. Subterráneamente, el poder económico que la droga proporcionaba seguía enloqueciendo y las alianzas entre amigos y enemigos, criminales, subversivos, instituciones, gobierno, ejército, se dinamizó. En medio de esta locura, Colombia presenció el holocausto del Palacio de Justicia que en llamas expresaba intereses de la mafia, ideales de la izquierda, formas de defensa de la derecha, mostrando la inutilidad de las guerras que se instauran cuando todos los diferentes grupos humanos al mismo tiempo desean demostrar que tienen la razón. Como si fuera poco, a este dolor se le sumó la erupción del volcán del Nevado del Ruiz que sepultó al pueblo de Armero, acabando prácticamente con toda esa población, sin mencionar la continua historia de masacres, bombas, asesinatos, secuestros, incautaciones de droga, persecuciones e intentos de paz que eran el día a día de la nación.

Nosotros, la población del medio, que nada teníamos que ver, pero todo lo teníamos que soportar, ante la impotencia y para auto-protegernos, cerramos los ojos y la indiferencia hacia la violencia nos ayudó a seguir con nuestra llamada vida *normal*.

Con tanto dinero fluyendo, los viajes al exterior a estudiar, descansar o negociar se volvieron parte del entorno, posibilitando que adultos, jóvenes, adolescentes y niños introdujeran en lo cotidiano nueva información, nuevos lenguajes, nuevos códigos de vida y culturización. Las mujeres masiva y cómodamente en el día a día comenzamos a usar pantalones con más frecuencia, dándonos el permiso de relajarnos y usar la moda para nuestro beneficio. Tomábamos lentamente las riendas de nuestras vidas, y a nivel mundial el tema de la violencia doméstica fue considerado un obstáculo para el desarrollo de la humanidad. Nuestro acontecer como mujeres habitantes de este planeta comenzaba a ser reconocido por instituciones que eran escuchadas e influenciaban el devenir de los seres vivos a nivel mundial.

Mientras el poder creativo de muchos humanos era dirigido hacia la destrucción, en otras partes era dirigido hacia la construcción. Por primera vez en el mundo se hizo la implantación de un corazón humano. En Australia nació el primer bebé probeta y en Inglaterra clonaron el embrión de una oveja. En Estados Unidos salió a la venta el primer computador personal. En la Unión Soviética enviaron a la primera mujer al espacio. En Pakistán fue elegida la primera mujer presidente en un país musulmán. Cayó el muro de Berlín, augurando grandes cambios y transformaciones. Se inauguró el Primer Festival de Teatro en Bogotá, Gabriel García Márquez ganó el Premio Nobel de literatura y Michael Jackson con *Thriller* nos hipnotizó con su propuesta musical que ponía a todos a bailar.

De alguna manera se sentía la vibración de un cambio y ahora sí, la *nueva era* que se venía gestando empezó a hacer oír sus conceptos de manera firme.

FASE DOS

Capítulo 1
    Preambulo a la noche oscura del alma
Capítulo 2
    La noche oscura del alma

CAPÍTULO 1:
PREÁMBULO A LA NOCHE OSCURA DEL ALMA

El inicio de la década de los 90 se abrió ante mí, trayéndome dos mundos totalmente inesperados: la nueva era y el mundo homosexual. Compartir mi vida afectiva con otra mujer no había significado en mi ninguna dualidad o contradicción. Durante el tiempo en que Piedad y yo compartimos, poco conocimos del llamado *mundo gay*, ya que todas las personas que estaban a nuestro alrededor, convivieran o no con personas de su mismo sexo, no se hallaban circunscritas en ningún *mundo* en particular. La afinidad con un discurso de búsqueda, o la antigüedad en una amistad, eran la fuerza que nos unía a compartir con los demás. Pero, cuando nos separamos, un nuevo mundo se abrió ante mí con una especificidad: la homosexualidad. Hombres, mujeres, padres y madres, hijos e hijas, primos, primas, tíos, tías, afros, blancas, blancos, ejecutivas, ejecutivos, obreros, obreras, feos, feas, bonitos, bonitas, gordos, gordas, flacos, flacas, artistas, modelos, presidentes, curas, monjas, príncipes, princesas, todos los grupos humanos tenían allí representatividad, no tenía edad, este mundo, estrato social, estado civil, nivel de educación, profesión, religión, o coeficiente intelectual. Un alto porcentaje de humanos en el planeta era homosexual y vivía una doble vida que, en silencio y en secreto, compartían en un grupo que llamaban *la comunidad*. Muy pocos en aquel entonces, valientemente y en contra de la fuerza de un orden mundial, *salían del closet* para vivir una vida más sana, acorde con sus creencias, sentimientos y forma de ver la realidad. *La comunidad* era de carácter global, tenía su propio lenguaje e identidad, se reconocían a distancia, se ayudaban, se apoyaban unos a otros y, en silencio y mediante una pared invisible, que sólo ellos podían atravesar, se protegían de un mundo que los descalificaba como humanos con mucha agresividad.

En esa época y como ya era frecuente en una ciudad manejada por la energía de la mafia, Flavio murió; fue asesinado de una manera violenta. En todos los años posteriores a nuestra separación nunca hubo una desvinculación entre él y yo. Una línea muy profunda nos unía desde el corazón y aunque yo evitaba verlo porque sus ojos siempre me causaban dolor, dos semanas antes de su desaparición tuvimos un encuentro lleno de abrazos, lágrimas, recuerdos, historias, tristeza, risas y adoración. Sin que los dos lo supiéramos, nos estábamos despidiendo, diciéndonos adiós. Cuando supe de su muerte sentí un vacío profundo y una sensación de tristeza y soledad me inundó. Corriendo me fui adonde quien, desde años atrás, había aparecido en mi familia como un ser clarividente y sanador: Fernando. Hombre maravilloso que, con su sencillez y su sentido del humor, guiaba mis pasos, me aclaraba y enseñaba cada vez que, confundida ante algo que no comprendía, le pedía su opinión. Tenía muchos dones, entre otros, la facultad de conectarse con lo que nosotros del común llamábamos *el otro mundo*, y sin siquiera tener muy claro qué hacía ni cómo lo hacía, le pedí que buscara a Flavio y le ayudara. Al otro día muy risueño como siempre, me llamó. *"Ya me puse en contacto con él"*, fueron sus palabras, *"y lo único que podemos hacer es hablarle hasta que comprenda que ya dejó su cuerpo y físicamente ya no está con nosotros, para que deje atrás su rabia y sus ganas de vengarse del dolor que le causaron los que lo agredieron a él y a su amigo sin ninguna razón".* En una fracción de segundo mi vida cambió. En nuestro encuentro no le había mencionado que la muerte de Flavio había sido violenta y que, junto a un amigo invidente, los habían golpeado sin consideración. Era entonces cierto que lo había contactado y habían establecido comunicación, era cierto lo que había visto y escuchado, y era cierto que la muerte no era el fin, que había continuación, y que el cuerpo se quedaba en la tierra pero los pensamientos y emociones no. Imaginé su cuerpo sin vida y su mente repitiendo y repitiendo una idea ligada a una fuerte emoción en un presente que ya no existía, y que insistía que aun viviendo en su cuerpo estaba con vida. Fue una locura que comprendí en el instante. Miré a mi alrededor, vi a mis compañeros de oficina concentrados en sus computadoras y teléfonos, dando respuestas automáticas y direcciones a clientes felices buscando planes de viaje, itinerarios, ideas e información. Observé las paredes llenas de cuadros y afiches de aerolíneas, hoteles, países, playas, gente con gafas oscuras, camisas de colores, grandes sonrisas, cámara en mano y todo lo que expresara diversión. Observé por el gran ventanal que daba hacia la calle y vi avenidas, carros, motos, gente dirigiéndose a diferentes lugares, todos ocupados en sus vidas, todo en congestión. Miré mi escritorio lleno de papeles, calculadoras, lápices, estilógrafos y, en forma de discernimiento, supe que una realidad concreta había alimentado hasta el momento mi cerebro y mi entendimiento, pero que existía otra realidad intocable, invisible, imperceptible, que desconocía, más real que la que estaba viendo y esa sensación de un mundo invisible me superaba. Al otro lado de la línea telefónica seguía con mi brujito, como si estuviese comunicada con otra dimensión, hablándome de la *vida* del *muerto* de forma natural, sin malicia o presunción. Algo en mi cerebro estalló. Hasta ese momento la realidad para mí sólo tenía origen en aquello que podía ver o tocar. Mis sentimientos, mis pensamientos, mis razonamientos sólo eran reflejo de las formas concretas que mis sentidos me anunciaban. Aquello que no fuese concreto, que se presentara de forma diferente o perteneciese al reino de los "fantasmas" había sido sistemáticamente rechazado por mí, ya fuese porque sentía miedo o porque lo creía producto de mi imaginación. Consideraba que el mundo de la materia era la única fuente a través de la cual era posible encontrar las respuestas sobre nuestro origen, naturaleza, divinidad. Consideraba así mismo que sólo éramos materia alimentada por una fuente divina que llamábamos Dios y que, por razones que no comprendía, el entendimiento de eso se me escapaba. Pero aquella evidencia de que la muerte no acababa con lo que la mente creaba y que una vez moríamos seguíamos como si estuviésemos con vida, me dejó claro que nada sabía y la búsqueda de ese otro lado se convirtió en mi obsesión. Con una fuerza nacida de esa prolongada y eterna búsqueda existencial que me alimentaba grité en mi interior: quiero comprender en esta vida qué se esconde detrás de la muerte. El grito fue escuchado, porque a la semana siguiente el mundo del esoterismo y la nueva era se abrió ante mí a través de un taller de biodanza en el que por un fin de semana moví el cuerpo sin parar y en el que, al ritmo de muchos ritmos y después de mucho danzar, salió a flote un movimiento inspirado por mí misma, nacido de un fino acople entre mi ritmo interno y el externo, convirtiéndome en una hoja que me dejaba llevar donde el instante dijese, sin preguntas, sin respuestas, sólo sintiendo el placer de ser y simplemente estar. Algo sucedió que desencadenó en mi, por segunda vez, como me había sucedido en el colegio años atrás, y por segunda vez, el fenómeno de conexión con lo universal. De nuevo una experiencia mística, una experiencia espiritual se apoderaba de mi sentir y pensar pero esta vez de una forma más madura. Pasé tres días en los que absolutamente todo lo sabía, no del mundo concreto, sino de ese otro mundo que recién se me había revelado. Me comuniqué de nuevo con Dios y la creación, sólo que esta vez la experiencia había llegado llena de un saber que no comprendía de dónde salía. Era un conocimiento directo que aparecía sin palabras o formas antes conocidas. Sólo intuía que estaba llena de sabiduría. Sorprendida, comprendí el inicio y el fin, los porqués y los para qué. Llena de paz y de alegría había llegado finalmente a ese estado que desde que había nacido perseguía. Aunque estaba viviendo en el mundo de las formas, no sentía esa locura discordante que causaba dolor, daño, y que para colmo dábamos por sentado que era nuestra condición de humanos. Creí firmemente que había llegado a esa instancia que tanto buscaba, y que permanecería allí, porque ya era parte de mí. Pero con los días, y como si fuese un balón que se desinfla, volví a ser de nuevo una mortal llena de contradicciones, dudas, miedos, confusiones. No sabía que la vida sólo me había mostrado lo que siempre había sido, lo que era, lo que debía volver a reconocer en mi ser una vez quitara de mi mente los obstáculos que me hacían creer que lo humano era pequeño, limitado, culpable y separado del gran ser, que lo que llamábamos *nuestro mundo* y *nuestra realidad* eran sólo el medio para retornar a casa, a ese estado del que todos nosotros, de una u otra forma, sentíamos nostalgia y en algunos fugaces momentos creíamos recordar. Nuestro origen de perfección y verdad.

Con esa plataforma de aterrizaje, apareció Tis, una mujer química y totalmente gay que despertó en mí una gran pasión, aquella que te obnubila, te enceguece, te quita la voluntad, la que es tan fuerte que dan ganas de llorar. Una experiencia totalmente opuesta a la que acababa de pasar. De un estado totalmente espiritual pasé a uno totalmente terrenal. Después de sentirme un ángel, aparecieron en mi mente y mi sentir prejuicios y moralismos aprendidos y escondidos en lo más recóndito de mi inconsciente, y sentí toda la condena que sobre esa realidad dicta la moralidad: *lesbiana, gay, torcida, fea, marimacha, marica, delincuente, anormal, homosexual,* y otras aterradoras connotaciones y calificativos que a esa forma de vivir la realidad daba la sociedad para preservar una línea de pensamiento, justificando un orden heterosexual creado por la humanidad.

El encuentro con estas dos fuerzas de carácter antagónico me partió literalmente en dos. Aterrada meditaba, rezaba, asistía a talleres y cursos de sanación espiritual, desesperada por volver a recuperar ese estado de amor, paz y sabiduría que llenaba de fuerza, alegría y plenitud todos los momentos de mi realidad. Pero al contacto con mi humanidad, una invisible frontera traspasaba y la fuerza del deseo y la pasión con ímpetu me abrazaba. Vivía intensamente lo que la moral cristiana definía como "bueno", vivía intensamente lo que definía como "malo". Respondía fielmente a tales definiciones, haciendo que mi cerebro, al igual que mi emoción, viviesen en caos y confusión. Buena/mala, normal/anormal, inocente/pecadora, blanco/negro, la eterna división. Los días eran de oración, las noches de pasión y los fines de semana compartía con un mundo de mujeres lesbianas que, aunque no tenían ni una sola diferencia con el resto de la gente, representaban en ese momento la cara de la prohibición. Esa enloquecida pasión que me quitaba la voluntad, la razón y me dejaba a merced de la sensación, me hacía sentir mucho temor de haber perdido mi camino y no ser digna de Dios, ya que contradecía todo lo que había comprendido era el amor. Me había convertido en una genuina protagonista de una novela mexicana manejada por las circunstancias y siguiendo fielmente el guión del dramatismo y la exageración.

Tis, mi nueva compañera, era un ser maravilloso y el centro de su grupo social y familiar. Le encantaba viajar, rodearse de comodidades, jugar tenis, montar en bicicleta, ir a corridas de toros, la salsa, la música, el baile, las fincas, todo lo que significara esparcimiento, despreocupación, fiesta y diversión. Para ella la vida era sinónimo de alegría y vivía de forma libre y espontánea su sexualidad. Yo no era un ser social, no me gustaban los deportes, las fiestas sin un propósito concreto, y poco me importaba la vida material, ya que en aquel momento sólo me movía una búsqueda espiritual.

Fue muy duro para ambas pues, en medio del ardor, yo siempre salía corriendo, diciendo NO, convencida de que mis encuentros con ella eran un error, porque estaba en mí elegir entre la pasión y Dios. Pero en medio de esa locura y la moral ejerciendo su función, *cómo iba a imaginar que precisamente este era el momento más importante de mi vida al confrontar a mi mente dividida por esquemas y creencias que me instaban a creer que solo mi cuerpo (cuando estaba sin mi alma) o mi alma (cuando estaba sin mi cuerpo) era mi realidad? ¿Mi totalidad?*

En defensa ante esa locura y por mi salud mental viví esas dos fuerzas antagónicas como si tuviese dos hogares, cada uno con las problemáticas inherentes a su naturaleza. Por un lado recordé lo que había aprendido en la época en que como un robot había comenzado a actuar como una mujer tradicionalmente casada bajo los comandos del inconsciente colectivo y deje como música de fondo aquello que en lo profundo mi cerebro registraba la palabra lesbiana como sinónimo de ruda, masculina peligrosa, anormal, horrible, etc, y comencé a reírme de la inocente moral, pues lo homosexual no tenía nada de *anormal*. Un altísimo porcentaje de la humanidad, que cubría desde el prototipo de la mujer hermosa, femenina y fatal, hasta el hombre bello, macho y elegante, lo religioso y santo, lo político y honesto, lo militar y correcto, los casados, divorciados, premios novel, astronautas y demás, entraban dentro de lo que ellos mismos por vergüenza y cobardía proclamaban como malo. El peso del señalamiento era tal que yo misma, sin negarlo nunca hablé de mi vida personal frente a quienes siempre llamé la logia secreta gay dentro de la cual sentía un enorme descanso porque me acercaba a quienes como yo buscaban un espacio donde poder expresar lo que en público no se podía mostrar.

Y con Dios tuve *mi conversación*, acerca de lo imposible de dejar lo que mi moral indicaba.

Cada paso que di en el mundo esotérico me ayudó en la comprensión de los mundos abstractos y me puso en contacto con seres maravillosos que, al igual que en el mundo gay, me dieron la mano y me indicaron el camino donde encontraría la fuerza necesaria para, metafóricamente, volver diamante el carbón y llegar a Dios. Es decir, liberarme de prejuicios y todo lo que impedía mi espontaneidad y frescura con todo lo que traía la vida. Fue allí donde y desde mi experiencia aprendí que aquel que está próximo a ti siempre es un maestro, que al entrar en contacto contigo adquiere el poder de activar tus más recónditas emociones, pensamientos, sentimientos, llevándote al límite del cansancio con el continuo estado de frustración y de infelicidad hasta lograr cuestionar y querer cambiar esos límites internos que impiden comprender que ya es el momento de dar un salto cuántico que nos permita dejar atrás ese concepto de vida, de Dios, de humanidad, que ya finalizó su ciclo, que hay que descartar. Fernando, mi guía y amigo, aquel que se comunicó con el mundo de los muertos y era sanador, me repetía: Martha, por allí no es, y yo como siempre llevada de mi parecer seguía en ceremonias, acampando, meditando, leyendo, danzando muchas veces hasta el amanecer. Mis manos pulsaban por sanar, a través del Reiki, comencé a desarrollar una especie de visión interna, con la cual podía recorrer interiormente el organismo de la persona que confiaba en mi saber. Pero fue precisamente allí en donde una vez me pregunté ¿qué estoy haciendo aquí?, Dios vuélveme humilde y concédeme poner en función este don sólo el día en que totalmente, limpia de corazón pueda transmitirte sin interferencia de mi yo. La verdad, llevaba varios meses observando ese mundo esotérico que estaba a mi alrededor y había comenzado a percibir que el ego de la iluminación era tan poderoso que enceguecía y reproducía los mismos esquemas del mundo que precisamente comenzaba ya a vislumbrar como inferior, al no estar a la altura de los maestros, las verdades, el yo superior. Yo misma había comenzado a sentirme superior. Vi a personas que, ayudadas por lo que llamamos *don* y asistidas por la luz, hacían terapias que rápidamente llevaban a las personas a un punto de sanación. Con el tiempo vi cómo su ego comenzaba, a través de la razón, a interferir esta comunicación, produciéndose un cambio rápido en la intermediación y acabando con el efecto real de la sanación, pero no con la fama que cultivaban por medio de la palabra, los gestos, el saber revestido de sabiduría y el convencimiento de que seguían conectados con esa luz superior.

Vi a maestros que canalizaban personas compararse con otros canales y competir entre ellos para ver cuál maestro era mejor. Escuché críticas de los unos para con los otros y un disimulado desprecio y rechazo por las "putas", los travestis, los homosexuales, los drogadictos, los delincuentes, alcohólicos y muchos más que, según el cuento, aún estaban muy involucionados y les faltaba camino para *llegar*.

El amor universal era el tema, pero no era una verdad como se quería creer y mostrar, ya que el ego de la iluminación interfería, como el ego de cualquier paisano que lo mostrara en estado de involución.

El mundo esotérico era mucho más divertido que el mundo de la iglesia y la vida cotidiana en general. Aprender del "otro mundo", del poder de la naturaleza, de las múltiples formas de sanación, del cuerpo humano en todas sus dimensiones y conexiones, del universo, los chakras, la psique, el espíritu y demás, enriquecía la vida al expandir el conocimiento, preparar y abrir la mente a nuevas realidades. Pero esa entidad llamada ego se atravesaba todo el tiempo, impidiendo en nosotros el libre y continuo fluir del amor universal, allí donde se hallaba el conocimiento real.

Como siempre, yo seguía negándome a creer que lo normal en los humanos era el estado de imperfección en donde el dolor, los disgustos, las críticas y los conflictos eran nuestro plato principal. Por dos veces en mi vida me habían dado el regalo de experimentar sabiduría, alegría, amor y paz, lo que validaba mi negación a aceptar que éramos los seres perdidos que me presentaba la realidad. Pero no lograba interpretar la clave para superar, transformar o eliminar eso que llamábamos ego y tener una sintonía continua con nuestra propia divinidad. Se suponía que a través de los talleres ya había sanado todos los traumas y dolores de la niñez, adolescencia y madurez. Me sabía de memoria la larga lista de sucesos que desde el vientre de mi madre y antes de este, había elegido vivir para sanar aquello que impedía el equilibrio entre mi mundo interior y mi mundo exterior. Ya sabía de energía, de cuerpos sutiles, de reencarnación, maestros y misterios. Pero seguía llorando y buscando el último seminario, la última terapia que se llevara las espinas que tenía clavadas en el corazón. ¡Eso ya no era normal!

Entre todos los personajes llenos de saber espiritual, sólo veía a mi guía Fernando vivir como cualquier mortal una vida sencilla, con su esposa y sus dos hijos, jugando fútbol, contando chistes y sin decir nunca una palabra que juzgara a los demás. Varias veces y de manera muy sutil lo veía tratando de superar cositas de su carácter, convirtiendo en humor cualquier situación. Yo, aun con tendencia a intelectualizar lo irracional, sólo veía en el mundo esotérico el camino para llegar a la verdad. Me tomó un rato más darme cuenta de que, al igual que con la iglesia y la religión, los mantras, la meditaciones, las velas, los colores, los sonidos, las terapias de sanación, la medicina alternativa y todos los medios que utilizábamos para encontrarnos, eran tan sólo herramientas que hacían parte de un camino, no eran en sí mismos la salvación, y que la sabiduría y el amor sólo podían ser encontrados en la maraña de la cotidianidad, en la familia, en el trabajo, en las relaciones con los otros, en la afectividad y en lo que llamábamos el lado oscuro de la creación. Bastaba sólo con seguirle el rastro en nuestro interior a lo que considerábamos era un ataque del otro, una ofensa, una traición y quitarle a la humanidad la responsabilidad de que en sus manos estaba nuestra felicidad, esperando que en nombre del amor, la amistad o el simple compañerismo, nadie nos hiciese sentir dolor, pues el dolor era algo personal, individual, nadie lo inyectaba, lo ponía, lo pasaba; los seres humanos que nos rodeaban sólo tenían el poder de activar lo que nos molestaba, la mayoría de las veces sin tener idea de que lo estaban haciendo a través de una palabra, una exclamación, un gesto, una acción. Por esta razón, debíamos estar atentos cuando alguien nos alteraba, para comprender qué tipo de emoción despertaba en nosotros y sacarle provecho a ese encuentro, que nos avisaba qué parte de nosotros se hallaba desequilibrada, llámense afectos, autoestima, poder, autoridad o cualquier otra emoción que nos impedía la felicidad. Era la simple cotidianidad, la expresión y motor dinamizador de la fuerza necesaria para la transformación interior a través del conflicto, del caos, de la locura, la interiorización. Todas las experiencias que el mundo nos traía hacían parte de un camino, una guía, una brújula, que a través de la oración y la meditación, o del whisky y el chicharrón, nos conducían a Dios. No había diferencia. El camino de la iluminación sólo era un proceso de comprensión del para qué de cada experiencia, no era un camino definido de pureza y elevación como lo teníamos concebido la mayoría de los humanos a través de la herencia del sistema de creencias legado de la religión.

En medio de unos tragos y al amanecer en un bar apareció ante mí el espejo de mi lado femenino, mi paloma de la paz con el nombre de Silvia y comenzamos a hablar. La sensación de encontrar el reflejo de uno en otra persona con la misma apreciación de la vida, la misma forma de sentir y razonar, pero con un aspecto físico muy diferente al tuyo, era una sensación alucinante. El contexto y la forma en que vivíamos la vida no era igual, pero por dentro, como dos gotas de agua, procesábamos la información acerca de lo que percibíamos como realidad.

Con el paso del tiempo ella se convirtió en mi compañera de búsqueda espiritual, en ese viaje de desasimiento del laberinto de sistemas de creencias que hay que cruzar para llegar a la fuente de la vida, al amor, a la eternidad. Sin ese constante espejo que éramos la una para la otra, hubiéramos tardado mucho más en descifrar lo que en ningún libro estaba escrito y era necesario comprender y andar. La llamé Paloma como símbolo de nuestro deseo de alcanzar la libertad, la paz, el amor universal. Estaba tan confusa como yo, porque también se sentía partida en dos. Al igual que yo, por razones y circunstancias diferentes, tuvo su momento de elevación, su momento de gran pasión, sintiendo la misma angustia interior de no lograr hacer permanecer en ella la paz interior y estar detrás de otra cama que, como a mí le quitaba el aire, la enloquecía, le robaba su dios. A partir de ese momento, la vida nos juntó para darnos el regalo de develar entre las dos el sentido del sinsentido que nos había vuelto la vida una total confusión. Al principio sólo lográbamos describir nuestros sentimientos contradictorios entre el contacto con una verdad que era eterna, perfecta, amorosa, indefinible e indivisible y un presente en el que, presas de la pasión, vivíamos lo que los humanos llamamos amor, lleno de altibajos, necesidades, demandas y sentimientos que cegaban la razón. Nos sentíamos atrapadas entre la concepción que desde eones, nosotros los humanos habíamos tenido del amor y el amor que realmente se hallaba escondido en nuestra luz interior. Estar atrapadas entre estas dos formas de amor era muy doloroso, porque no eran reconciliables y porque en ese momento éramos incapaces de ser fiel a ninguna de esas dos formas. Por un lado el amor de ranchera mexicana, heredado de la psique planetaria, estaba muy bien grabado en nuestro disco duro y yacía en nuestra mente y en nuestra emoción. Por el otro, la idea instintiva de un amor que solo brindaba alegría y negaba la contradicción nos hacía repetir y repetir la danza de lo absurdo que nos causaba mucha desesperación. Navegábamos entre el mundo de la materia y el mundo del espíritu como si fuéramos entidades separadas, condenando el mundo de la materia como obstaculizador del mundo del espíritu, el único que considerábamos verdad y misión. Aún no sabíamos que la vida nos estaba llevando de la mano para que comprendiéramos la diferencia entre estas dos instancias de amor, quitándonos los velos que cegaban la visión y a través de ese encuentro equilibrar esas dos fuerzas dentro de nosotras mismas.

El primer paso se dio cuando en medio de nuestras divagaciones, Paloma y yo comenzamos a observar que en nuestro interior éramos idénticas, pero en nuestra forma exterior éramos opuestas.

El segundo paso fue cuando encontramos el siguiente texto en Facebook: "La energía femenina es sutil y suave, pero determinante a la vez. La energía femenina está relacionada con la intuición, lo espiritual, todo aquello que escapa al mundo físico. Es desear, ser, gestar, atraer, inspirar, eso que sentimos en nuestro interior. Se caracteriza por ser una energía calma, nutricia, seductora, receptiva. Por otro lado, la energía masculina se caracteriza por accionar, dar, hacer, sembrar, motivar. Impulsa hacia afuera: conquista, busca, va. De aspecto racional, es la fuerza para tomar decisiones. Se focaliza en la supervivencia, en todo aquello del mundo material que necesitamos para vivir. Todos los seres humanos tenemos las dos energías. Pero es importante un equilibrio para poder ver plasmada una vida feliz y abundante."[2]

---

[2] https://www.facebook.com/almaholisticadeLakshmi/photos/a.2093088 717685663/3221113684883155

Ese texto nos guió para comenzar a comprender la razón de nuestro encuentro: Paloma era totalmente macondiana, metafóricamente podía sentarse a tejer una interminable colcha mientras silenciosamente descifraba la vida, y con inigualable gracia narraba en forma de cuento los descubrimientos cósmicos y terrenales, que en esa mágica forma salían de su corazón y llegaban a su mente de forma estructurada y fluida. Yo era impaciente, práctica y racional. Aunque mis sentimientos y pensamientos afloraban de una forma espontánea, necesitaba de una estructura que tranquilizara mi mente y me diese seguridad de que ese conocimiento o experiencia era real. Así que necesitaba terapias, talleres, libros que diesen forma a lo que espontáneamente surgía de mí. Necesitaba del conocimiento exterior para poder llegar a la misma conclusión a la que mi almita gemela, sentada en su rinconcito y sin consultarle a nadie, llegaba. Paloma registraba la vida desde una forma femenina de vivir la realidad, mediante la intuición de su corazón, mientras que yo lo hacía desde una forma masculina, ligada a la razón.

A partir de ese momento el tema de lo *masculino* y *femenino* se volvió supremamente importante para nosotras, porque comprendimos que ella y yo poseíamos la energía opuesta de la otra, y ninguna de las dos tenía esas dos fuerzas en equilibrio en su interior. También nos fue muy claro que el encuentro entre dos seres, sin importar su sexo, estaba relacionado con el vacío que cada uno sentía dentro de si por la carencia de equilibrio de estas dos fuerzas, y buscábamos su opuesto para llenarlo, sin tener idea que ese vacío nadie lo podía llenar, lo teníamos que alcanzar porque todo operaba, existía y estaba dentro de nosotros mismos, y aquello de estar corriendo en la búsqueda de otra persona que era su mitad, se convertía de una absurdidad total.

Sin tener la menor idea del cómo se hacía, seguimos observando nuestro día a día y descubrimos que nuestras experiencias en la vida las vivíamos de forma inversa. Si ella experimentaba cuando llovía, yo lo hacía cuando había sol, si ella lo hacía de día, yo lo hacía de noche o viceversa pero siempre llegábamos a la misma conclusión, complementándonos.

La vida se volvió muy divertida. Todo lo que nos sucedía, lo que veíamos, lo que ante nuestros ojos aparecía, era para nosotras símbolos que nos ayudaban a descifrar lo que nuestro inconsciente necesitaba volver consciente, y cómo comprender era que el universo se las arreglaba para juntar las situaciones, personajes y escenarios, a fin de activar las emociones necesarias y exactas para volver consciente nuestro inconsciente.

Descifrar los enigmas nunca nos libró de cometer errores o de sentir nuestros frecuentes dolores "egoicos", pero desarrollamos una capacidad infinita de reírnos de nosotras mismas y con ello quitarle peso a aquello de la "importancia personal", tan profundamente arraigada dentro de nuestra personalidad.

Lo que nunca esperamos fue, lo que muchos años más tarde supimos había sido llamado "*la noche oscura del alma*"[3] *o sea* una experiencia que en el caso de nosotras duró varios años y que a través de una situación, unos personajes y un escenario, se conjuga una fuerza interior lo suficientemente fuerte, para barrer con todo lo que lo que desde siglos y como mecanismo de defensa, los humanos guardamos por doloroso o moralmente inaceptable en nuestro inconsciente.

---

[3] Muy bien explicado en articulo de internet "

CAPÍTULO 2:
LA NOCHE OSCURA DEL ALMA

Todo comenzó cuando, sin buscarlo, sin pensarlo, Paloma y yo a través de los personajes que en ese momento estaban en nuestras vidas, nos vimos enfrentadas a experimentar cada una a su manera, un triángulo amoroso que, visto desprevenidamente desde la "normatividad", era totalmente insano pero para nosotras que estuvimos atrapadas en él, fue el medio más doloroso y maravilloso para iniciar, como dice la canción: *borrar cassette* y despertar.

Tanto Paloma como yo teníamos dos amores. Un amor del pasado, pero siempre presente que nos seguía dando seguridad y cobijo, y un nuevo amor que había aturdido nuestros sentidos y que con el pasar del tiempo, en forma sutil, nos condujo al factor precipitante: La conformación de un triángulo amoroso en el que nuestros dos amores se conocieron en persona y como un imán se atrajeron.

En el caso de Paloma y para no dejarse sacar de ninguno de los corazones de sus dos amores, se quedó físicamente en la mitad, buscando cómo recuperar su lugar. Una posición supremamente desventajosa, porque cuando una atracción es entre dos, sobra la tercera.

En el caso mío, como siempre, fue en forma contraria, me era tan doloroso verlas juntas que elegí dejarlas solas y desaparecer del mapa, cosa que realmente no pude hacer.

A Paloma le sucedió primero y en el momento en que me lo contó, yo me horricé y le dije enfáticamente: ¿Dónde está lo que aprendimos? ¿Por qué insistes en quedarte donde sobras? Es una locura y una falta de dignidad. ¿De qué estás pegada? A lo que me respondió: No lo sé explicar, pero no me puedo ir, por insano que suene es allí donde está mi libertad. Mejor prepárate porque a ti también te ha de pasar. Recuerda que somos almas gemelas y todo nos pasa igual.

Aterrada yo me fui y no la quise volver a llamar. Ella estaba loca y en esos líos de tan mal gusto yo no quería estar. Dos semanas después mi situación era igual. Cuando supe que los personajes de mi vida también se habían conocido y como un imán se habían atraído, entré en pánico, dolor, rabia, confusión, me sentí traicionada, impotente, paralizada, desgraciada, en ridículo y muy sola. No sabía qué hacer, quería esconderme de la gente, no hablar con nadie para que no vieran mi dolor y evitar miradas de compasión. Buscando no perder mi equilibrio, me fui para Bogotá unos días, pero no logré evitar una especie de curiosidad morbosa de saber de ellas, combinada con un fuego interno, rencoroso y rabioso que se iba apoderando de mí. Vencida regresé y llamé a Paloma pidiendo auxilio. Era la única persona con la que podía tener una comunicación sin error en la interpretación. Esa experiencia era totalmente nueva para las dos. En una fracción de segundo nuestras vidas se habían convertido en un campo de guerra en donde, a través de miles batallas, el ego intentaba recuperar lo que nunca había sido de su propiedad: el amor, la lealtad y la devoción de quienes había considerado eran su posesión. Pero por más que deseáramos lo contrario, la fuerza de atracción que la vida ejerció sobre ellas, nos había convertido en su pasado llevándose consigo ese amor, lealtad y devoción que es exclusivo de la sensación que aparece cuando la química ejerce un estado de enamoramiento y ciega la razón. El amor de ellas por nosotras había cambiado y ya no ocupábamos en sus vidas ese lugar que nos había hecho creer que éramos únicas, irrepetibles, intransferibles y todo lo que le asegura al ego su permanencia en la existencia de otra persona. Para no dejar de existir, nuestro ego tomó las riendas de nuestras vidas y no tuvimos un minuto de descanso, luchando por mantener con vida esa idea que con ahínco el ego defendía: la idea de que aún existíamos en sus vidas.

Yo por mi parte perdí toda compostura. Los celos, el odio, los chismes, las trampas, la intromisión violenta en sus vidas fueron mis armas para debilitar a quienes con su ida me mataban día a día. Como en las películas de mal gusto, las perseguí, vigilé, escuché, observé, insulté, rogué y, cada vez que podía, en la mitad me metía y las separaba para quedarme por un espacio de tiempo con una o con la otra, en un intermitente triángulo lleno de malentendidos, sutiles venganzas revestidas de buenas intenciones, odios, reconciliaciones, despedidas, largas conversaciones.

Paloma en su campo de batalla convivía con las dos y de manera continua compartía horas, días, meses, años, el tiempo que nos requirió comprender finalmente que lo que nuestro ego defendía era un eterno miedo al abandono, a la carencia, al rechazo, el desamor.

Durante tres años no hubo un día de descanso. "Porque me duele si me quedo pero me muero si me voy", cantada por

Mercedes Sossa, resumía el sentimiento que allí nos detenía y la suma de actos y emociones contradictorios que a diario vivíamos. Nos defendimos del desamor y del olvido con lo que teníamos a mano y supuestamente nos daba fuerza: el ataque. Utilizamos todos los medios posibles para separarlas y recuperar el trono.

En medio de todo y por mucho tiempo tuvimos muy claro que esa experiencia tenía como fin mostrarnos la estupidez del ego, pero no lográbamos dilucidar su utilidad porque esa comprensión no nos llevaba a ningún lugar. Con lo único que contábamos para seguir la pista eran las sensaciones, y esas sensaciones eran tan terribles que nos quitaban la voluntad y nos impulsaban constantemente a hacer cosas absurdas, con las cuales creíamos las íbamos a debilitar y eliminar el encanto en que habían caído, para lograrlas separar.

Atrapadas en ilógicos impulsos creíamos que si lo que nos dolía, humillaba y enloquecía era que ellas estuvieran juntas, entonces, debíamos luchar con todo lo que se nos atravesara para romper su vínculo y así recuperar nuestra cordura, nuestra autoestima, nuestro poder y sobre todo la idea de mujeres *dignas, cuerdas e inteligentes* que en reciente pasado habíamos tenido de nosotras mismas.

Nuestra constante pregunta era: Si no te quieren, si dejas de importar, si ya no te reconocen, ¿por qué duele tanto? ¿Qué es lo que duele? ¿A qué nos aferramos con tanto miedo?

Paloma fue la primera en dilucidar: *En esta parte del laberinto estamos desintegrando el ego; mira cómo se ha apoderado de nosotras y alrededor de sus demandas actuamos. Cada vez perdemos más y más la noción de nosotras mismas, sólo demandamos recuperar lo que consideramos nuestro y todo lo que ellas hacen para liberarse de nosotras lo tomamos como un ataque porque nos duele.*

Esa fue una conclusión extraordinaria que nos puso en la pista de una gran transformación. Para ese entonces el ego era para nosotras un concepto totalmente abstracto. Lo único que comprendíamos era que todo dolor, confusión, destrucción, provenía de esa parte de nosotras que llamábamos *ego* a secas porque no teníamos idea donde ubicarlo, y la paz, la dicha, la armonía tenían que ver con esa otra parte de nosotras que llamábamos *corazón*. Por lo tanto, el ego era lo opuesto al amor y no tenían nada que ver el uno con el otro. Observábamos que, a medida que íbamos quedando a merced del ego, más desastres hacíamos y estos impulsaban a nuestras contendoras a rechazarnos, porque nuestra cercanía siempre inducía al caos, medio a través del cual tratábamos de evitar nuestro dolor y recuperar nuestra autoestima.

Al final, cuando nos cansamos de ser una cómica réplica femenina de Don Quijote y Sancho Panza, luchando contra inexistentes molinos de viento, vencidas nos rendimos a nosotras mismas y dejamos de defender una instancia que nos hacía creer que sin ella no existiríamos: nuestro ego.

Nos rendimos al miedo de no significar nada en la vida de nadie, ni en la vida en sí misma, de dejar que la fuerza de la vida hiciera de nosotras lo que quisiera. Y, en pocos días inició en nosotras el llamado proceso del despertar. Sorprendidas y en forma de una medicina que hace efecto gota a gota, nuestra debilidad se tornó en nuestra fortaleza, el conocimiento en sabiduría y el inicio de la dinamización de la fuerza del amor comenzó lentamente a abarcar todo lo existente, lo no existente y más.

En medio de todo eso Paloma, en un estado de suprema seriedad, me preguntó: ¿Por qué estuvimos obsesionadas con otros seres, si tú eres mi masculino y yo soy tú femenino? ¿No se supone que las almas gemelas se juntan para en unidad llegar al amor universal? ¿Por qué estamos partidas a la mitad en versiones tan diferentes? no somos pareja, no somos amantes y al parecer ni siquiera almas gemelas, ¿realmente qué es lo que tenemos qué hacer para integrar lo que externa y continuamente nos mostramos, como la carencia de la otra para alcanzar la unidad? Y creo que fue en ese instante que al unísono renunciamos a los susurros del ego porque comprendimos que ninguna de las dos éramos una mitad de la otra, porque cada una era en si misma un todo. Éramos una frecuencia vibracional de igual equivalencia, que, al encontrarnos, nos habíamos servido de espejo y apoyo en el tránsito hacia el amor y la sabiduría que tanto habíamos buscado.

FASE TRES

Capítulo 1
El despertar

CAPÍTULO 1:
EL DESPERTAR

> *La vida es un continuo intercambio de energía; un incesante tronar de procesos mecánicos, químicos, eléctricos, mentales y espirituales. Todos esos procesos se realizan con precisión matemática impulsados por una sabiduría infinita, de la cual la ciencia logra entender una mínima parte.*
>
> Del libro Como curar las enfermedades incurables
> Magnum Astron

Nunca se me va a olvidar el momento en que totalmente vencida por los esfuerzos, dolores y estupideces de la absurdidad de todos mis actos, caí rendida al piso de mi apartamento y con un miedo inmenso de desaparecer (con los años comprendí que era el miedo de quedarme sin esa entidad a través del cual había sustentado toda mi existencia: el ego), y llorando le dije al universo, ¡no peleo más! ¡Que me pase lo que me tenga que pasar! Temblando me dispuse a que me pasara eso tan terrible que supuestamente me iba a suceder... Me sentía débil y sin energía pero comprendí que estaba en total convalecencia, gestando mi nuevo *Yo* y en vez de morir comencé a nacer.

Quise entonces mudarme a una casita campestre que estaban construyendo dentro de los terrenos de una casa muy grande en una zona muy bella de la ciudad. Para esa época tenía 35 años y me propusieron que mientras terminaban la pequeña casita campestre que yo iba a ocupar, me pasara a otra, también de los mismos propietarios y en la misma área llamada *la casa Rosa*: Era hermosa, de cuatro niveles y seis habitaciones, encerrada dentro de un pequeño bosque, totalmente independiente y silenciosa. Solo se escuchaban los sonidos de la naturaleza. Mis muebles correspondían a lo que estrictamente había tenido en un aparta-estudio de 40 m2. Mi soledad era tan grande y profunda como el vacío en aquella casa, pero por primera vez no corrí a esconder o a disfrazar esa terrible sensación que se siente cuando la soledad no es buscada. De alguna manera sabía que me había quedado sin contenidos racionales que me vincularan al mundo conocido y allí me quedé un tiempo muy quieta, esperando literal y metafóricamente que llegara *mi nueva casita*. No era consciente que había entrado a un desconocido proceso de la dócil aceptación de esa honda y terrible soledad; y el hecho de permitir humildemente lo que la vida trajera, fue para mí la primera prueba de un cambio en mi interior, pues una extraña entereza y dominio de mí misma que sutilmente brotaba de mi interior lo permitía. Paloma, en diferente forma también comenzó a experimentar nuevos amaneceres y ambas de manera eventual enfrentamos situaciones que en el pasado nos provocaron terribles sensaciones que, pasivamente y sin querer modificar la realidad dejábamos pasar, pero si nos preguntábamos ¿será esto una permanente verdad? Seré que cuando menos pensemos regresaremos a ser títeres de las circunstancias que aparecen cuando menos son esperadas? Con el tiempo comprendimos que cuando una bomba atómica arrasa con todo, por un tiempo siempre quedan residuos en el aire que no son fatales.

Nos fuimos empoderando y por lo tanto confiando, en esa nueva fuerza interior que brotaba espontáneamente en nosotras y que a su vez nos confirmaba que lo sucedido era real, no era una creencia o una ilusión.

Con esa nueva fuerza impulsando nuestra vida comenzaron a sucedernos cosas muy locas, Paloma y yo empezamos a tener sensaciones y pensamientos que hasta el momento solo nos había concernido a cada una por separado. Por ejemplo: Todos los domingos a partir de las 5pm, Paloma me decía: Ay, qué pereza, esta es la hora en que por regla general nos llega a las femeninas un abstracto pánico ante el inicio de otra semana que ustedes los masculinos no conocen. Es que ustedes tienen más vitalidad y fuerza para permanecer en los trabajos del exterior, y a nosotras nos causa terror ese esfuerzo que tenemos que hacer porque no nos fluye. Nos dicen que somos chismosas porque hablamos mucho de la vida de los demás y no logran comprender que nuestra realidad es interior, ustedes hablan mucho cuando se juntan, pero lo hacen de todo lo que tiene que ver con la relación que tiene que ver con el exterior, con la calle: carros, trabajo, mecánica, pintura, edificios, carreteras, y si hablan de sexo, lo hacen enfocados exclusivamente en sus demandas biológicas. La manera como lo viven, sienten y necesitan es muy diferente a como lo vivimos, sentimos, y necesitamos las femeninas. Nos da rabia que no logren vernos ni sentirnos y para acabar de ajustar desde que nacemos nos sentimos inferiores porque ustedes adecuaron el mundo para sus necesidades, y somos castigadas por la sociedad y la iglesia, si no seguimos los modelos que desde la prehistoria ustedes se inventaron debían ser las mujeres; entonces quedamos atrapadas mentalmente en una realidad doméstica. Por eso hablamos tanto y no creemos mucho en nosotras mismas…etc. etc. etc.

Un domingo ya a punto de dejar la espaciosa *casa Rosa* porque mi nueva casita estaba pronta de ser terminada, al atardecer comencé a sentir un miedo terrible, pero no tenía idea de esto y pensé: algo va a suceder. Al otro día al llegar a la oficina, vi lo que todos los días veía: Las mujeres en la cocina tomando café y *chismoseando,* mientras los hombres en sus escritorios alistaban sus cosas de trabajo. Como en aquella época no tomaba café, yo me unía a los que alistaban escritorios, pero esa mañana cuando vi al grupito reunido me dieron unas ganas inmensas de saber de qué estaban todas esas mujeres hablando y pensé.. *qué bueno saber las cosas que pasan en esta oficina y que nunca me doy cuenta.* También me pregunte, *¿estarán hablando de mí?* Y me quede allí con ellas escuchando todo y opinando. Una vez llegué a mi escritorio tenía un fax (medio de comunicación empresarial supremamente moderno en aquella época) de una compañía solicitando una venta muy grande pero no era para mí, era para mi vecino y me dio una envidia terrible. Pensé entonces: voy a esconder este fax hasta mañana y así obtengo un día de ventaja en ventas con respecto a las de él. Al minuto siguiente pensé: pero qué me está pasando…. nunca me han interesado los chismes, ni sentido esta clase de envidia, ni importado el miedo de la noche anterior, menos la inseguridad por lo que piensan de mí y rápidamente entregué el fax a mi compañero. Al día siguiente me sentí igual: insegura, curiosa y en medio del grupo de mujeres. Me reuní entonces con Paloma, preocupada por lo que me estaba pasando. ¡¡Ella, sin parar de reírse, me dijo: estás sintiendo el lado del cotidiano femenino!! ¡¡Qué maravilla!!… ¿ahora ya comprendes cómo es? ¡¡A lo que yo le respondí… Uy, qué duro es para ustedes esto tan maluco!!

Un par de días después Paloma me llamé feliz: ya comenzó lo mío… no sabes con la fuerza que estoy trabajando, me siento segura, no me da miedo de nada, estoy siendo racional y lógica, pero eso del sexo es terrible porque todos los seres me atraen y me quiero acostar con ellos, ¡hombre o mujer! ¡Como han hecho los masculinos para vivir con eso tan miedoso! además, la fuerza activa del masculino está basada en impulsos externos. ¡¡Es lo que los mueve!! ¡¡Ojalá esto no me dure mucho, porque ya estoy cansada de corree…!! Pero nunca se fue en su totalidad, con el paso del tiempo todas esas sensaciones se fueron modificando y de alguna manera actualizándose al grado de entendimiento que estábamos adquiriendo, hasta que esas dos fuerzas se equilibraron en cada una de nosotras.

Hubo un periodo muy álgido, y antes de que llegaran a equilibrarse en aquello de estar en los zapatos de la otra, odiábamos tener que sentir y cargar con lo que no nos gustaba del otro lado. Peleábamos muy fuerte y después cuando nos reconciliábamos respirábamos profundo y descansábamos. Fuimos comprendiendo que esas fuerzas no se *pasaban* de una persona a otra, *despertaban* porque el Yin y el Yan habitan en nuestro interior, pero hasta que no era el momento adecuado y sin importar el sexo de las personas, una fuerza operaba mientras la otra dormía. Esa era la eterna pelea entre los opuestos, buscábamos nuestro lado *dormido* o lo que llamábamos *media naranja* en otra persona que, si lo tenía despierto nos enamorábamos, pero como no era el propio, terminábamos queriéndolo matar porque no era igual al que realmente nos correspondía. El amor entonces se convertía fácilmente en ofuscación y desamor en la medida en que no sucedía "*que el otro fuera como uno necesitaba*".

Todo ese entendimiento nos condujo de forma espontánea a no volver a juzgar absolutamente nada. Con el transcurrir de los años (recuerden que en estos caminos todo es muy sutil y lento para que nuestras células transmuten y asimilen el contenido del *nuevo disco duro*, que igualmente está en proceso de formación). De un momento a otro mi intuición comenzaba a asimilarse a la de Paloma al igual que la delicadeza y la amorosa forma que tiene el femenino de habitar este planeta y ella incrementaba el uso lógico y racional de su mente, la toma rápida de decisiones, la seguridad en sí misma, olvidando modelos negativos de lo femenino interiorizados desde eones.

También nos pasaban cosas muy estrafalarias y divertidas cuando el Universo en forma de símbolos y dentro de la cotidianidad misma nos confirmaba que era cierto lo que pensábamos o comprendíamos, sobre todo en los trabajos grandes: Un día, y acorde con esas maravillas de trabajar en el área del turismo, me llamaron a invitarme a cenar a un lujoso hotel en Estambul (Turquía), antigua *Constantinopla*. Me agradó muchísimo la invitación y pensé, qué tan gracioso precisamente ahora que estoy releyendo a Orlando de Virginia Wolf a razón de que el personaje del libro, Orlando, era un aristócrata e intelectual inglés que había nacido siendo un hombre y en la mitad del libro había sido enviado por la corte inglesa como embajador a *Constantinopla* (futuro Estambul) y después de un largo sueño había despertado convertido en mujer. Todo eso transcurrido en un período de vida de casi 4 siglos (XVI- XX) lo que le permitió a la autora describir de una manera maravillosa los cambios de la sociedad de la época y el papel ejercido por los hombres y las mujeres dentro de ese lapso de tiempo.

Con mucha curiosidad retomé el libro inmediatamente regresé a casa buscando sincronización, y leí cuidadosamente el capítulo en donde Orlando se convierte en mujer. Al terminar de leerlo llamé inmediatamente a Paloma, le conté acerca de mi día y le dije: "¡Esto es verdad, ya lo hicimos! Todo indica que así es, no solo lo confirma el libro, Orlando se convierte en mujer, sino Estambul que une geográficamente a Oriente con Occidente, y para ajustar es la ciudad más mágica y femenina del mundo! La vida me daba la bienvenida con una cena super lujosa en un hotel de ensueño!

Días más adelante Paloma me llama y me dice: "¿Qué opinas? Dejé mi trabajo cansada de no estar a gusto haciendo esas bobadas que no quería hacer, pero un poco preocupada por no tener ni idea ni dinero para reinventarme; y hoy aparece mi hermano proponiéndome asociarnos y montar una marquetería cosa que me encantó porque va totalmente con lo que me gusta hacer. Me mostró una publicación de una feria en New York, en donde están promoviendo una maquinaria nuevo con muchos usos en esa área, dándonos la posibilidad de marcar la diferencia con respecto a las que ya existen en esta ciudad. ¡Palomita! Voy a ser propietaria de un negocio! Yo sola voy a ser la responsable de todo! Y en ocho días viajo con mi hermano a New York la *ciudad más masculina del mundo*! Qué celebración la que me hizo la vida! Me dio trabajo en un área que me encanta y a la vez me da la oportunidad de desarrollar ese lado masculino que se me activó!

Lo más bonito de todo fue que durante nuestros respectivos viajes, ninguno de nuestros acompañantes sabían lo que esos viajes representaban para nosotras, y sin saberlo cumplieron los roles esperados: Mi nueva fuerza femenina fui tratada por mis compañeros de grupo con cortesías propias para una dama medieval y Paloma fue tratada como la negociadora principal.

Como mi viaje fue primero al de Paloma, nos pusimos de acuerdo en brindar a las 8am del día siguiente a mi llegada a

Estambul, aprovechando que era hora de mi desayuno y no iba a estar ocupada en otras cosas y para ella serían las 4pm, hora en que también podía estar centrada en nuestro saludo. Le dejé encomendado a otra amiga, llevarle de sorpresa un ramito de rosas y una botella de vino. Diez días después de mi regreso llegue del aeropuerto directo a su casa. Me tomó de la mano. Me llevó a un cuarto especial en donde ella había puesto mis rosas. Estaban impecables. Como si acabaran de ser puestas allí y me dijo: ¡¿Mira están intactas! ¿No te parece muy raro? Al otro día me llamó y me dijo.. Palomita, como si las rosas hubieran esperado nuestro reencuentro... se murieron! ¡¡Esperaron hasta nuestro reencuentro!! Realmente no supimos si esto había sido así, pero en nuestro imaginario decidimos dejar ese suceso como lo había interpretado porque daba una especie de magia a la finalización de mi viaje. Lo que si sentíamos desde la certeza, es que esa fina línea que nos hacía buscar y ofuscar buscando nuestra *otra Mitad* había desaparecido y la integración de esas dos fuerzas en ambas era un hecho... Solo que no se dio en forma instantánea como lo habíamos creído, pero nos indicó su inicio a través del total cambio de percepción que tuvimos y la permanente ausencia de dolor, confusión, miedo, y todas esas emociones que nos habían acompañado durante nuestra existencia. La orquesta de fondo había cambiado. Solo sentíamos paz y claridad mental

Lograr el equilibrio total de esas dos fuerzas nos requirió 20 años más, pero en el transcurso de ese tiempo seguimos teniendo múltiples experiencias de vida, como nos sucede a todos los humanos, pero ya no tenían que ver con aprender a..., tenían que ver con situaciones a través de la cuales comprobábamos si respondíamos a estas experiencias acorde con esa nueva forma de percibir. Voy hablar solo de las que nos ocuparon más tiempo.

Un dia cualquiera y de diferente forma, aparecieron en nuestra vida dos mujeres heterosexuales y totalmente ajenas al entorno dentro del cual Paloma y yo nos habíamos conocido. Su fresca compañía, empatía, el nuevo lenguaje del mundo que cada una de ellas, nos traía, y la intensa soledad y desamor de los caminos andados nos hicieron enamorar de ellas pero para nuestra sorpresa y a pesar de nuestra gran atracción y deseo, ni Paloma ni yo desplegamos nuestro abanico de plumas multicolores, para dar rienda suelta a la energía de conquista y seducción, como acostumbra hacer toda persona enamorada para asegurarse de ser correspondida. Fuimos sinceras con ellas acerca de lo que sentíamos y nos dedicamos a quererlas bien, sin esperar nada a cambio. No fue una imposición, simplemente respondíamos a una fuerza interior que nos dirigía. A veces nos daban ganas de romper ese modelo para hechizarlas e inyectarles la fuerza de la sensación, y aunque sabíamos que lo podíamos hacer, ese pensamiento nunca tuvo la fuerza suficiente para impulsar la acción. Algo más fuerte nos decía que ya no era posible manipular a otro ser humano para adecuarlo a nuestras necesidades, esa voz sin voz nos decía que era el tiempo de aplacar los sentidos y avivar la fuerza interior que ya nos venia acompañando. Estábamos probando la fuerza interior de los nuevos códigos que nos estaban acompañando, colocándonos frente a uno de los imanes más poderosos para los humanos: el enamoramiento y la pasión hacia otro humano que enceguece, atrapa y esclaviza, haciendo, con su adrenalina, sentir que hemos encontrado el *sentido de la vida*, para dejarlo con el tiempo, con gran desilusión, e irnos más adelante tras otro, y otro, y otro *sentido de vida*.

Estábamos aprendiendo a dejar el mundo de los instintos y guiar nuestra corporeidad por la fuerza del amor que siempre habíamos buscado. Paulatinamente y con el pasar del tiempo, los *imanes* que nos hacían considerar el mundo como la fuente de sensaciones que nos permitían sentirnos vivas, útiles e importantes, y muy espirituales, fueron perdiendo poder en nosotras e igualmente y al mismo nivel, comenzamos a dejar de ser imanes para esta clase de realidad que nos proporcionaba lo que con anterioridad nos había dado el sentido de vida.

El encuentro con nuestra cotidianidad nos iba indicando este proceso. No era ninguna elucubración mental, brotada por el deseo de sentir que nuestros profundos cambios interiores eran reales. El haber aprendido a estar atentas a nosotras mismas y a todo lo que sucedía en nuestro alrededor, era nuestro indicador. Con sorpresa y alivio observábamos pero seguíamos riendo de nosotras mismas, ya no de las necedades de nuestros egos sino de nuestra mansedumbre.

De los miles de ejemplos de situaciones que nos confirmaban que el camino del deshacer si era real en nosotras, era algo que se presentaba a través de nuestra relación con las otras personas, especialmente con quienes trabajaban en la sección de servicios de cualquier empresa, una de las necesidades inconscientes de todos los seres humanos encaminada a defender nuestra *importancia personal*: La primera vez que fui consciente que yo no emanaba ninguna energía o acto que llamara la atención y dijera *pilas que llegue yo*, fue en un viaje de trabajo. Llegué a un aeropuerto y me paré en la fila para ejecutivos en la cual debía ser atendida. Ninguno de los funcionarios de la aerolínea me percibió a pesar de estar parada prácticamente frente a ellos, cosa bastante extraña porque, por un lado, una fila preferencial es como un imán para un empleado por todo lo que simboliza para una empresa, y, por otro, mi sentido de importancia personal siempre hacia emanar algo que obligaba a otros percibir mi presencia y atenderme inmediatamente, porque yo vivía corriendo con la creencia de que el tiempo nunca me iba a alcanzar y era muy importante que la gente me atendiera rápido. Después de un rato en el que atenta yo observaba como conversaban, y así mismo sentía que una sensación brotaba dentro de mi, fui consciente de dos cosas: El mundo exterior estaba perdiendo prioridad en mí y comenzaba a ser más importante la calma, la paciencia y la alegría que me daba comprobar, que ya no esperaba ejercer control sobre todo lo que se suponía era mi responsabilidad a cualquier nivel, porque cada vez me estaba siendo más claro que el ritmo de la vida era otro, diferente y prácticamente contrario, al ritmo de lo que los humanos habíamos construido y establecido como vida (lo económico, social, político, etc).

Dos años más tarde, renuncié a toda carga o trabajo que tenía que ver con la acostumbrada maquinaria para lograr el sustento económico cosa que requirió profundizar y descubrir la enorme cantidad de hilos que nos atan al constante giro de un sistema de vida, que nos roba la atención y el bienestar a nosotros mismos.

Cada vez nos era más claro el significado de "estar dormidos o vivir en la oscuridad". El Universo nos hablaba a los humanos constantemente, pero no nos damos cuenta en la medida en que vivíamos muy ocupados con todo lo que correspondía a nuestra realidad exterior, y muy satisfechos porque la interior la vivíamos a través de la religión. Esa era la verdad para todos nosotros.

Solo cuando aprendimos a *observar* y comenzamos a *despertar* dentro de nuestra cotidianidad, Paloma y yo comprendimos que ese mismo mundo exterior, al robar nuestra atención, nos impedía volver la mirada hacia nuestro interior y que, sin dejar de pertenecer a él, a través de las miles de experiencias que nos traía el cotidiano, podíamos comenzar a VER que los mejores momentos para que esto sucediera, eran las ocasiones de crisis y de dolor, porque era allí en donde no hallamos explicación al devenir de una frágil realidad, que sin razón alguna nos llevaba a puntos muy oscuros a nivel interior o exterior, así que terminábamos buscando alternativas diferentes a una realidad, de la que ya teníamos certeza no brindaba respuestas.

Eso fue lo que nos pasó a Paloma y a mí. Ninguna de las dos encontraba respuestas coherentes a como nos sentíamos, veíamos, vivíamos. Ahora vivimos la misma realidad, pero hemos hecho de nuestro mundo interior y exterior nuestro espontáneo laboratorio, parque de diversiones y eso ha marcado la diferencia porque ahora vemos más allá de nuestros cinco sentidos.

Con respecto a la parte sexual, me preguntaba si esa poderosa fuerza me iba a hechizar como en el pasado, y la vida me regaló maravillosas experiencias a través de las cuales comencé a comprender que ese impulso perdía fuerza en mí, incluyendo el deseo de hacer grandes despliegues de encantos, sonidos, palabras, acrobacias y todas esas cosas que antes me inspiraba la cama. A través de estas experiencias comencé a comprender que el sexo como hasta el momento lo había vivido y considerado, era el acto de imaginación más desgastador y cómico de todos los que habíamos inventado los humanos. Paralelamente y de forma inversa, la vida en todas sus manifestaciones se volvió fuente de erotismo constante, en donde el sexo como tal ya no tenía nada que ver:

Olores, sabores, trabajo, celebraciones, humanos, no humanos, situaciones, todo era percibido desde muy profundo y de una forma que inspiraba Vida y Amor. Nunca perdí la química hacia las personas que ejercían atracción en mi pero la estrecha relación entre ego, atracción, sexo y consumación dejó de operar en mí, y prácticamente no volví a estar con nadie porque dejé de desearlo y necesitarlo; fue en aquellas épocas en las que ya comenzaba a integrar en mí instancias relacionadas específicamente con la sexual energía del femenino tan desconocida por el mundo masculino. Para ese entonces, sólo Paloma lo comprendió. Cuando hablo de esto yo hago chistes al respecto para frenar toda argumentación, pues para la mayoría es inconcebible que el sexo pierda importancia como fuente de placer y expresión de lo que conocemos como amor.

Con el tiempo comencé a sentir una necesidad inmensa de cambiar mi casita de campo. Me mudé para una finca en la cima de una montaña, en un municipio muy cerca de la ciudad. Para ese entonces prácticamente nadie se atrevía a salir de paseo para las fincas o casas de campo más lejanas, porque los secuestros como medio para financiar la guerrilla eran la moda del momento, así que, por su cercanía a la ciudad, la finca en donde yo vivía se volvió el lugar de reunión del grupo gay del pasado. La Llamé la *finca de los perdones*, pues fue allí, en esos deliciosos fines de semana, en donde todas las que estuvimos en guerra estuvieron presentes, nos abrazamos, nos perdonamos y, al son del aguardiente, las guitarras y la salsa, lo celebramos. No hubo un solo momento vivido en aquel lugar que fuese discordante, sólo hubo risas, paz y felicidad.

Fue en esa finca donde un día miré hacia el firmamento iluminado por el sol y caí en cuenta que cuando no estaba viajando, mi vida laboral se desarrollaba en lugares cerrados, así que decidí tomarme un año sabático, respirar, disfrutar cualquier hora de la ciudad o leyendo acostada en una hamaca en la finca; y así lo hice, pero meses más tarde me encontré con una mujer maravillosa que había conocido anteriormente y tenía una empresa de estudios en el exterior; nos asociamos a ella le encantaban las relaciones públicas y los negocios y yo desde la finca hacía la parte operativa y administrativa que no solo era la que me gustaba sino que me permitía seguir con el nuevo ritmo de vida elegido.

Mi socia me enseño muchísimas cosas, la empresa fue todo un éxito y en cuestión de meses me arrastró de nuevo para la ciudad. Teníamos tanto por hacer que era indispensable estar ubicada en la ciudad. Ya no era asalariada y había ganado en libertad de movimiento, administración de tiempo y realización de ideas propias, todo era diferente. Tiempo después abrimos mercado en otra ciudad, y por razones prácticas ella se quedó con el mercado que siempre había sido suyo, y yo me mudé a la nueva plaza para hacer florecer lo que habíamos comenzado a sembrar.

Sin la exquisita negociante y relacionista pública a mi lado, tuve que salir de mi zona de confort y seguridad, o sea la administración, la planificación, la operación. Ahora la negociación era mi responsabilidad y me aterraba porque siempre había pensado que carecía de la agilidad, inteligencia y astucia necesarias para lograr las ventajas requeridas en lo que se llamaba *una buena negociación*.

Apoyada por mi madre que se mudó a esta ciudad conmigo, por mi hermana mayor y su familia que llevaban 30 años viviendo allí y una gran amiga de ella comencé la aventura. Sin este equipo de apoyo dudo haberlo logrado. Asustada me fui a mi primera cita de negocios en la que de entrada me dijeron: No nos interesa... Por alguna extraña razón surgió un tema que no tenía nada que ver con mi oferta y en el que tanto mi interlocutor como yo estábamos interesados. Con mucha atención y de forma sincera lo escuché y le entregué lo poco que sobre ese tema sabía. Minutos después se reactivó la negociación y llegamos a un acuerdo. Supe entonces que no se necesitaba agilidad, inteligencia, mi astucia para *envolver* y convencer a otra persona para lograr un negocio. Sólo era necesario que los corazones se contactaran y al hacerlo, confiaran. Sobre esta base y un servicio de asesoría totalmente personalizado, enfocado en las necesidades de nuestros clientes, creció la empresa, y por lo tanto mi bolsillo. Comencé a trabajar de día y de noche. Viajaba al exterior varias veces al año a ferias, invitaciones o reuniones de negocios. Mi único objetivo era sacar adelante la empresa y que nuestros clientes se sintiesen desde, en y hasta el final, satisfechos y bien atendidos. El 95% de mi vida la ocupaba el trabajo. Un 2.5% mi parte afectiva que giraba alrededor de mi familia (incluyendo aquí a María, la gran amiga de mi hermana) y el otro 2.5% compartía con dos amigas que en mi tiempo libre me hacían compañía. Pero afloró en mí una personalidad oculta de una irascible, intolerante y perfeccionista líder. Lo único que tenía en mente era sacar adelante la empresa y se volvió mi único objetivo, mi ser observador interior nunca me abandonó, desde el fondo me mostraba lo que era estar poseída por la idea de hacer crecer una semilla y la necesidad de hacer un trabajo impecable. De alguna manera sabía que ese era otro paso en mi vida, pero de allí en adelante desconocía por completo hacia donde me dirigía. Era conducida.

La vida es una cadena de acontecimientos que une escenas y personajes dentro de un mismo contexto, puede tratarse de personas que son cercanos, van a ser cercanos o personas con las cuales nos encontramos por escasos minutos. Esto ocurre a cada instante de nuestras vidas, permite un intercambio de datos que cada cual, de manera inconsciente, necesita para llenar vacíos de información a nivel mental, espiritual o físico. Puede ser a través de un solo dato, una vivencia o la historia de toda una vida. Igualmente es necesario vaciar y entregar el contenido energético cada que un ciclo de vida se cierra; esto permite una revisión de todo lo aprendido y la creación de espacios para lo que ha de llegar. Sin embargo, es a lo que menos le prestamos atención y no logramos vislumbrar, que la vida es un constante y continuo movimiento de fuerzas cósmicas y divinas de muchas naturalezas, que por lo regular no vemos ni sentimos, y son las que nos permiten vivir experiencias para adquirir consciencia de quiénes somos, de dónde venimos, hacia dónde vamos. Es decir, recordar el propósito de este viaje y lograr concluirlo.

No estamos separados los unos de los otros, somos una unidad viviendo experiencias particulares y diferentes, que nos permiten retroalimentarnos cada vez que lo necesitamos y esa es la claridad que la adquisición de consciencia nos regala.

María, la gran amiga de mi hermana, no solo era un gran apoyo en el área laboral, sino que, por circunstancias especiales en su vida, necesitaba ayuda, orientación, compañía. Esa circunstancia nos unió mucho en los años que estuve vinculada a la empresa. Ambas nos necesitábamos, pero para ese momento no lo sabíamos. ¡Es increíble cómo un hecho tan cotidiano como es el encuentro entre dos personas que se caen bien, es un encuentro que va a permitir el paso necesario para un cambio de percepción de la realidad y por lo tanto de vida!

María y yo teníamos dos referentes de realidad totalmente opuestos. Ella era una mujer nacida en la alta sociedad totalmente tradicional, madre de familia, dependiente de un marido, con intensas ganas de ser ella misma y volar. Yo en una ciudad desconocida para mí, con la historia que ustedes ya conocen, y en proceso de solidificar el encuentro con mi Yo interior. La vida se encargó de juntarnos, pues al poco tiempo de conocerla su vida dio un giro de 180 grados y quedó envuelta en el torbellino emocional que deja una separación. Así que los viernes, día en que todo el mundo tiene la tendencia de salir a comer o reunirse con amigos, nos quedábamos en casa saboreando una botellita de licor. Fue en esos momentos de intercambio que nuestros mundos aparentemente tan diferentes se unieron y de una manera muy agradable, como si no estuviese pasando nada, ella recibió todo el contenido energético del ciclo de vida que yo acababa de dejar y heredó mi fuerza de búsqueda (no mi búsqueda, la de ella) y yo, al vaciar mi contenido energético, fui libre para iniciar lo que me correspondía. Así de sencillo trabaja el universo en sus grandes actos y por eso ni cuenta nos damos. Tanto ella como yo aprendíamos a través de nuestras historias, acerca de una realidad totalmente opuesta a la que habíamos elegido vivir en esta vida, y encontrábamos herramientas que nos permitían entendimiento y apoyo en ese momento tan especial de nuestras vidas. Yo necesitaba dar y ella recibir. Al transmitir información y entregar cúmulos de energía yo evacuaba contenidos que ya no necesitaba y ella llenaba contenidos energéticos y de información necesarios en el nuevo ciclo de vida que recién comenzaba. Nos tomó tres años ese maravilloso intercambio, pero de repente supe que el ciclo de mi encuentro con María estaba llegando a su fin porque, al entrar a la oficina, había comenzado a sentir un gran vacío y temor. Este vacío no tenía que ver con amores o desamores, ni con incertidumbres relacionadas con la economía, con la familia o con la vida. No tenía nombre. Sólo sentía que había perdido total interés en continuar produciendo desde el ego y para el ego, y en ese momento apareció una necesidad infinita de poner mi atención, mi energía, mis ganas, tan sólo en cosas que naciesen desde, para y por el espíritu. Eso significaba dejar todo, pero me daba terror ese paso, me sentía responsable de mi familia, de la empresa y, lo más importante, me preguntaba de qué podía vivir uno cuando decidía vivir *desde el espíritu*, aparte de que no tenía la menor idea del *qué hacer* y *dónde* dentro de ese contexto. Supuse entonces que mi camino estaba dentro del área de las charlas, seminarios o dentro del área de la sanación, campos en los cuales fluía y había comprobado me iba bien. Mientras tanto observaba, esperaba qué me iba a traer la vida, lo que seguramente estaba implícito dentro del marco de las cosas que había aprendido en años anteriores que tenían que ver con esoterismo y espiritualidad.

Un día una amiga Psicóloga muy querida me llevó a un pueblo cercano a dictar una charla sobre crecimiento personal y ¡me quedé muda! Por alguna extraña razón, mi cerebro y mi garganta se desconectaron, interpreté entonces que la vida me decía que las charlas y conferencias no iban a ser parte de mi nuevo camino. Otro día apareció un francés sanador que quiso enseñarme su ciencia, pero se desencantó cuando comprobó que no era totalmente devota a él y me dejó. Supe entonces que la sanación con las manos tampoco, pero, al mismo tiempo buscaba algún comprador de la empresa porque no encontraba gerente que me sustituyera y me senté a esperar en qué dirección se iban a *mover los vientos*. En la espera comencé a enfermar de gripa, cansancio, estrés, porque cuando llegaba a la oficina a trabajar era como si un cuerpo sin contenido (que era el mío), y sin fuerza alguna para estimular mi cerebro hiciese presencia. Angustiada llamé a Paloma. Su respuesta fue: *a Dios sólo podemos llegar con las manos vacías. A lo que más le teme el masculino es a no producir dinero, y a lo que más le teme el femenino es a no tener quién le dé ese dinero. La pulsión por trabajar para asegurar el sustento y la pulsión por esperar el sustento hacen parte de la necesidad de llenar el miedo a la carencia. Pero ese miedo sólo está en nuestra imaginación. Ese es nuestro próximo paso…*

De repente apareció una persona maravillosa y especialista en contabilidad, perfecta para el rol de gerente, una hermana que vivía en Londres y que no tenía idea de nuestro negocio, pero si un don único para los negocios y los bancos, se tuvo que regresar para Colombia por problemas de salud. Mi otra hermana y María conocían el manejo de la empresa, las universidades y lo más importante: los clientes. Mi madre, excelente con los números llevaba la contabilidad y la secretaria ya era experta en el resto de cosas que se iban a necesitar. Qué iba a pasar conmigo o de qué iba a vivir no tenia la menor idea. Tomé la decisión de dejar todo e irme al mar, a escribir me dije, pensando además *durante este año la vida su madeja tejerá y lo del sustento y el qué hacer se resolverá*. Llamé a Piedad, mi antigua compañera de vida, aquella con la que siempre me había sentido en casa y quien por dolorosos medios me había guiado hacia mi libertad. Le propuse me acompañase en esa nueva aventura en el mar. Ella aceptó. Tuvimos un periodo de acople un tanto difícil porque mi mente recordó el dolor y desesperanza de nuestros tiempos difíciles, y al recordar reclamó de nuevo. Cuando mi mente se calmó, y pude salir del ensimismamiento de esa fracción de ego que había quedado oculta en algún recoveco de mi psique, no pude más que agradecer ese regalo tan grande que la vida me daba: Ninguna de las dos tenía pulsión de buscar en la otra el vehículo para llenar el vacío de su supuesta faltante mitad. El factor sexo y la idea de pareja habían perdido sentido para ambas, las dos habíamos *cruzado la línea*, y por lo tanto el sentido de realidad que acompañaba a la mayoría de los humanos con respecto a vivir con alguien. En ese momento nos acompañaba una visión un tanto similar: decidimos compartir la vida y retroalimentarnos constantemente a nivel espiritual, afectivo, emocional e intelectual, junto con todo lo que trae la vida práctica, sin ninguna clase de exigencia de la una para con la otra y con una confianza y lealtad sin igual. Las diferencias de carácter eran para ambas un gimnasio constante de trabajo emocional porque ambas éramos muy independientes, estábamos acostumbradas a vivir solas y éramos diametralmente opuestas.

El inolvidable año sabático llego a su final, pero en diferente forma a como lo había imaginado. No contaba con los obstáculos mentales y afectivos de los hilos que me ataban a la empresa. Desconocía que quien se despide de un bebé que hizo crecer, en este caso una empresa, necesita tiempo para soltar y creer que los demás están en capacidad de sacar adelante lo que uno ha creado. Después de un momento dado, *y sin mí*, la empresa siguió exitosamente su camino. Fue un año maravilloso. No escribí ni una sola letra, pero al final de los días le aprendí a los lugareños quedarme quieta acostada en una hamaca con la mente vacía mirando frente al mar.

Regresamos a la ciudad, compramos una casa de campo y lo que nos quedó de ahorros lo metimos al banco. Los robos en los cajeros automáticos apenas se estaban poniendo de moda y, descuidadas en esa modalidad, caímos. Quedamos sin ahorros. Tenía 55 años y me resistía a volver a trabajar de manera formal, así que visité las oficinas de mi fondo de pensiones para hacer efectivo mi bono pensional, tal como me habían prometido. Pero lo prometido no había sido verdad. Años atrás me había cambiado de fondo de pensiones del estado a un fondo de pensiones de carácter privado de los que para aquel entonces comenzaban a surgir y que, como estrategia de ventas, prometían lo que al parecer nunca fue verdad; según ellos no era posible acceder al bono pues debía esperar dos años más y cumplir 57 años para reclamar.

Me asusté mucho. Mi economía no aguantaría dos años, y precisamente en esa área, le había heredado a mi madre el prevenir, planificar, ahorrar y nunca quedar mal con las deudas, así que me sentí totalmente desarmada y con la sensación de estar colgada de la rama de un árbol que daba al vacío. Una grieta en mi interior que brotó lenta en forma de desamparo y temor a lo económico. Por otro lado, mi pulsión por ayudar a otros me apremiaba, pero nada pasaba que me permitiera ganar la vida por medio de esas áreas. No tenía idea cómo comenzar de nuevo. Ese fue el tiempo en el que rompí los hilos que me ataban al miedo de no tener dinero, de tener hambre y de empezar a re-conocer el significado real de la abundancia *del Creador*. Tampoco era lo que había comprendido cuando me asomé por los lados de la religión, del esoterismo, de los libros de espiritualidad etc. Porque ese concepto hay que *vivirlo* para poder sacarlo de nuestra estructura mental.

Un día me dio un dolor muscular terrible en la espalda que me paralizó. Visité un médico internista, pero necesitábamos una ecografía para saber exactamente de qué se trataba. No fue posible realizarla ese día, debíamos esperar hasta el siguiente en las horas de la tarde. Semanas antes, mi hermana me había insistido en que pidiera una cita con una señora que sanaba canalizando ángeles. La verdad, para ese momento yo no quería saber nada de canales o de ángeles, pero fue tanta su insistencia que le confirmé y al segundo siguiente lo olvidé. El día de la ecografía por la mañana, mi hermana me llamó recordándome que ese era el día de la cita con la señora de los ángeles a las 10am. Tal era mi dolor que fui. Mi sanación fue inmediata y en medio de la cita pedí que me guiaran para encontrar dónde hacer trabajo humanitario que estuviese acorde con mis características personales. A los dos días otra hermana mía se hallaba en un consultorio médico y a su lado la directora del Centro Educativo del INPEC (Instituto Nacional Penitenciario y Carcelario) de la ciudad y se hicieron amigas. A la semana siguiente ya era voluntaria de la Red de Corresponsabilidad Social de la cárcel Modelo (de hombres) de la ciudad. Esa institución tenía un programa a nivel nacional para los internos llamado Misión Carácter, el cual buscaba multiplicar principios de cultura ética desde el carácter, la visión, el coraje y el desarrollo del liderazgo. Era un trabajo voluntario, pero siempre fuimos ayudadas con nuestro alimento y dinero para gastos por nuestras familias y amigos y fue un año espectacular. Nunca me había reído tanto con un grupo de personas desconocidas para mí y concebidas por la humanidad como peligrosas y amenazantes. Los internos del centro educativo fueron mis amigos y me enseñaron en profundidad la complejidad de lo humano, la bondad y el amor, aprisionados dentro de un muro construido como defensa ante experiencias muy difíciles. Hice una entrañable amistad con la directora del instituto y una psicóloga que, al igual que yo, era voluntaria en ese programa, y en medio de nuestras conversaciones comenzamos a soñar y extendimos los talleres a sus familias, sus esposas, y madres cabeza de familia. Terminamos creando una fundación como medio para conseguir recursos para los múltiples proyectos que teníamos en la cabeza para ellos, y al terminar nuestro año una amiga nos dio la oportunidad de trabajar con la alcaldía de la ciudad como contratistas, brindando una serie de talleres a mujeres víctimas de violencia intrafamiliar. Tuvimos que cancelar el proyecto de la Cárcel pues todos los días, mañana, tarde y noche debíamos desplazarnos a barrios y municipios cercanos para dictar los talleres. Se había iniciado mi vida laboral dentro de lo que tanto había deseado. También fue maravilloso, Madeline, la psicóloga que había conocido en la cárcel modelo poseía una manera de transmitir sencilla, entretenida, graciosa y amorosa y hacía que la gente se olvidara de todo y entraran en una especie de fiesta. Voz a voz estos talleres se hicieron famosos. Dos años después el contrato había vencido, nos llamaron de otra entidad del estado para un año un proyecto hermosísimo cuyo, objetivo era la creación de un espacio donde los niños en situación de vulnerabilidad en una determinada zona de la ciudad, emplearan su tiempo libre en actividades creativas, pedagógicas y artísticas. Esta vez la vida nos envió un grupo interdisciplinario que pertenecía a una Ludoteca que cerraba y era exactamente lo que buscábamos. trabajábamos en los campos de la psicología, el teatro, la música, la danza, los deportes, la pedagogía y el trabajo social. Fui totalmente feliz trabajando con los distintos grupos, en especial con los niños. Todos los días aprendía cosas diferentes y la línea divisoria de estratos, educación y cultura se borró totalmente de mi mente. Para mí, absolutamente todos éramos seres humanos perdidos buscando en el recuerdo a un Dios creado desde nuestra necesidad, creyendo firmemente en las creaciones del ego como única verdad. Sin embargo, cuando trabajamos en unidad con los internos del INPEC, las madres cabeza de familia, las mujeres víctimas de violencia intrafamiliar, los niños y sus familias, afloraba el sentimiento de hermandad, la risa, los abrazos, las ganas de encontrar los medios para transformar problemas y conflictos en salidas positivas que diesen las herramientas correctas para cada cual crear dentro de su entorno lazos de amor y fraternidad. De múltiples maneras, todo iba tomando forma y para mí no existía mayor satisfacción y felicidad. El proyecto de los niños tuvo tanto éxito que quienes lo promovían quisieron extenderlo a otros sectores de la ciudad. Pero la ambición humana se interpuso. Aparecieron terceros con otras ideas más convenientes para ellos y decidieron que si el proyecto no les ofrecía, una rentabilidad de un 60% (el dinero lo proveía el Estado) no era bueno. Eso significaba sacrificar profesionales y reducir la calidad del servicio para los niños. Ninguno de nosotros quiso aceptar y nos quedamos sin trabajo por otro periodo de tiempo.

Siendo yo una persona sin intereses políticos y por lo tanto sin ninguna fuerza que me empujase a hacer lobby ante personas que en su mayoría solo les interesaba el lucro personal, me quedé otra vez en una especie de limbo económico. Recibí de nuevo la abierta invitación que siempre había tenido por parte de mi familia para trabajar en la empresa. Había conocido cómo se movía lo político y con mi des - interés en promover mi trabajo a través de esas instituciones no veía posibilidades para la fundación. Acepté trabajar como asesora en asuntos varios. Tuve que viajar a Estados Unidos, Argentina y Brasil. En cada uno de esos países enfermé. Mi desconexión con el *mundo práctico* era total. Un año después, a través de una amiga, apareció un rico comerciante de otra ciudad golpeada por la guerra entre guerrillas y paramilitares y quiso replicar allí el proyecto de la ludoteca en su zona comercial. No había terceros que manejasen el dinero, todo estaba en mis manos y muy alegre me dije: ¡Esta vez vamos a poder generar un proyecto con resultados a largo plazo! con ocho profesionales trabajando tiempo completo y totalmente dedicados al proyecto, en tan solo un año se vieron resultados sorprendentes en los cambios de actitud y expectativas de vida de los niños a todo nivel. Atraídas por esos cambios, sus madres comenzaron a participar activamente y la fundación comenzó a ser parte de sus vidas. Simultáneamente, nos contactamos con el Sena, la Policía Nacional y las secretarias de salud y desarrollo con el fin de crear alianzas e iniciar proyectos productivos con la comunidad y hubo mucha receptividad y cooperación de las personas que manejaban programas comunitarios.

Cuando el proyecto llevaba año y medio caminando, apareció en nuestro radar un canadiense que estaba en Colombia iniciando una gira con el fin de capacitar fundaciones como la nuestra en metodologías para solicitar ayuda internacional y nos inscribimos inmediatamente. Ya estábamos en capacidad para iniciar un segundo periodo que nos iba a obligar a tener mayores recursos económicos. Como fundación sin ánimo de lucro contábamos con todo lo necesario para dar ese paso: un proyecto en proceso, varios años de historia en diferentes áreas, muchas historias, fotos, videos, testimonios y exitosos resultados, pero rápidamente supimos que estábamos en un mal momento. El contrato con el estado a través del cual nuestro benefactor subsidiaba la fundación le fue negado, así que tuvimos que cerrar el proyecto y cancelar los seminarios que al mes siguiente íbamos a tomar en la capital.

La verdad, mirando seis meses atrás de estos sucesos, la empresa de petróleos del país había comenzado a mostrar ciertas dificultades internas pero la atmosfera que se respiraba era que iba a salir avante. En corto tiempo, aquello de que el país pasaba por crisis económica, había dejado de ser un mero título en un periódico, era un hecho real y nos golpeó directamente al igual que a la ciudad entera en que nos hallábamos pues era uno de los focos principales de esa área económica y prácticamente toda la economía del lugar dependía de su desarrollo.

Durante los seis meses para que todo estallara uno de los síntomas que se empezaron a experimentar, pero no nos pusieron alerta, fue que el dinero que la fundación recibía mensualmente había comenzado a retrasarse y en aras de no quedar mal con los salarios, comencé a hacer adelantos con las tarjetas de crédito que estaban a mi nombre pero pertenecían a las cuentas de la fundación, las cuales pagaba inmediatamente aparecía el dinero. No tenía la menor idea que a través de esas tarjetas, el mapa de mi futuro; se estaba escribiendo en lo que tenía que ver con mi economía futura en la medida en que nunca superé los límites de las tarjetas y me convertí en una cliente fiable para los bancos, recurso sin el cual creo no hubiese sido posible tener una fuente de ingresos de la cual aún vivo en el presente.

Con el cierre de ese proyecto quedé de nuevo sin fuente de recursos para sobrevivir así que regresé de nuevo a la empresa familiar. Mi familia hizo todo lo posible para que me sintiese cómoda. Trabajaba medio tiempo desde mi casa y solo bajaba a la ciudad una vez a la semana. Aun así, no logré conectarme con el lenguaje del mundo. Mi razón y mi lógica ya no me asistían y tenía que hacer esfuerzos enormes para comprender textos, números, o la logística operacional de la empresa. Un día me fue evidente que estaba más del lado de *allá* que del lado de *acá* y apoyada por la comprensión de mi familia, renuncié. ¡Llamé inmediatamente a mi Piedad y, asustada le conté: *"no tengo la menor idea de qué vamos a vivir!* Ella, que el miedo a la carencia no lo tenía ni en el recuerdo, me respondió: *¡Cuánto me alegra! ¡Ahora ya podrás dedicarte de lleno al libro!* A principios del año que viene vas a recibir tu bono pensional, a estas edades tuya y mía el futuro es hoy. Así que ideemos algún proyecto para mientras tanto, vivir por adelantado. Así que optimista y feliz fui a la oficina de pensiones donde me reconfirmaron por enésima vez que yo iba a adquirir un bono pensional etc y varias veces después, insegura de sus respuestas volví al banco para verificar de que me hablaban y si lo del bono eran una realidad. Ya tranquila y segura comencé a aceptar todas las invitaciones, a tomar créditos pre – aprobados. Fui muy metódica y cumplida. Hicimos sumas y restas para no pasarnos del monto del reembolso del bono pensional prometido y en un espacio de mil metros2 que teníamos libres en la finca construimos cuatro aparta-estudios campestres y una cabaña de tres habitaciones para alquilar por meses y de esa forma asegurar pagos por hacer y vivir el resto de nuestras vidas con el fruto del ahorro de la jubilación.

Cuando llegó el momento de hacer efectivo el famoso bono, simplemente me dijeron que de acuerdo a una nueva ley debíamos esperar dos años más porque de acuerdo a unas nuevas leyes el gobierno se aseguraba de que yo tuviese una jubilación fija. Dispuesta a pagar y demostrar que ya tenía resuelto el tema de mi manutención, les informé que había hecho inversiones en base a préstamos bancarios sobre la información que muchas y repetidas veces me habían asegurado, una fecha fija y la obtención de la pensión a través de un bono, ¡¡No hubo forma!! Nadie hizo caso a mis propuestas. Puse tutelas, escribí cartas a jueces y a directivos de la compañía que me jubilaba, pero la ley solo estaba hecha para cumplirse a sí misma y aunque pasé unos días muy preocupada, ofuscada y estresada, no tuve más remedio que rendirme ante la impotencia de una esquizofrénica realidad dentro de la cual vivía y la total insensatez de los dogmas, leyes y sentido de justicia de ese sistema dentro del cual vivía. Yo, quien en el pasado no soportaba tener una sola deuda o retrasos en pagos, había sido encerrada en una encrucijada y al final cansada de luchar por hacer lo correcto no tuve más remedio que echarme a reír, dejé de preocuparme y me salí definitivamente del cumplimiento del *deber ser*. Desapareció la culpa, el temor a la carencia, al castigo, al sufrimiento y con una sensación de libertad total me entregué a esa desconocida e invisible premisa *El universo proveerá*... y así sucedió. Hice caso omiso de bancos y amenazas. Estuvimos seis meses con nuestras casitas sin alquilar y con muy poco dinero, pero como siempre y en el momento justo, hubo comida en nuestra nevera, dinero para la gasolina del carro y los gastos imprevistos, pero lo más importante, aprendimos a vivir de una manera sencilla, perdieron fuerza los impulsos del deseo borrando de nuestra psique el concepto de necesidad.

De allí en adelante los problemas del diario vivir dejaron de ser problemas, se volvieron situaciones que solo debían ser resueltas.

Pensamos que vivimos de fuerzas que controlamos, pero de hecho somos gobernados por un poder de origen no revelado, un poder sobre el cual no tenemos control

David Hawkings
Del libro Poder contra la Fuerza

Si en aquella época me hubiesen preguntado si ya había *"despertado"*, hubiese dicho *si,* porque desde que la sensación de paz se había instalado en el interior de Paloma y yo cancelando y/o facilitando el paso de fracciones de dolores, culpas y miedos no resueltos del todo, las emociones ya no hacían parte de nosotras mismas.

Vivir sin dolor, sin angustias, culpas o miedos era una maravilla, y por esa razón Paloma y yo estábamos convencidas de que ya habíamos llegado al tan buscado estado de amor y sabiduría que desde nuestra infancia perseguíamos. Con esa nueva forma de sentir y percibir tuvimos para dar por sentado que solo nos faltaba terminar de sacar la *basurita*, que aun impedía una conexión directa con nuestro *cielo*. **Estábamos lejos de imaginar que el "despertar" era la inversión total de todo lo que hasta el momento habíamos considerado humano y espiritual. Para que esto sucediera faltaban casi 20 años más y en su transcurso, la ruptura del espejo que habíamos sido Paloma y yo, quedar libre de cargas y maletas a todo nivel, y darle luz y bienvenida a nuestra propia divinidad.**

Con aquello de los medios sociales y más bien lejana a estos, fui invitada a un chat grupal que me interesaba mucho y con el pasar de los días me contacté con una mujer que me encanto por su fino humor, inteligencia y porque la fuerza de la vida así lo tenía dispuesto. Le hablé de mi libro, quise saber su opinión acerca de este y una vez lo leyó comenzamos a comentarlo. Nació entonces en mi un impulso incontrolable de contarle acerca de mi vida. Tristezas, soledades, amores, desamores, alegrías, empleos, quehaceres en forma verbal, escrita y hasta fotos. En forma cronológica y vertiginosamente comencé a descender a través de mi túnel del tiempo. Al igual que la experiencia cuando mi ego decidió salir de paseo, no tenía control alguno sobre este impulso de comunicarle *quien había sido en el transcurso de mi vida entera y cómo había sentido y vivido cada etapa de esta. Acostumbrada a observar mis reacciones ante los acontecimientos de mi diario vivir y ver* no dejaba en paz a mi interlocutora, me daba mucha vergüenza con ella y hasta conmigo misma pero fiel a aquello de que el universo hace con uno exactamente lo que uno necesita, no hice el menor esfuerzo de parar; solo pensaba, *Dios mío qué cansancio, esto no va a acabar nunca*, y sentía en mí una necesidad muy grande de sus aplausos y aprobación. También observaba que mientras descendía en el tiempo, mi personaje también lo hacía y de *princesa cósmica* me iba convirtiendo en una *rana* totalmente despojada de gracia, tal como en el fondo de mi corazón me había percibido desde pequeña con respecto a mi contacto con el medio exterior e inconscientemente iba interiorizando a una niña perdida, impotente y llena de miedos. Era mi primer contacto directo con mi niña interior pero no era consciente de lo que estaba sucediendo. Tampoco lo era mi interlocutora. Ella, persona supremamente educada, delicada y que lo menos que había pretendido en su vida era haberse convertido en receptora de una persona en medio de una catarsis,[4] una

---

4 La catarsis *es una experiencia purificadora de las emociones humanas. Como tal, la palabra proviene del griego* κάθαρσις *(kátharsis), que significa ‹purga›, ‹purificación›. Como sinónimos de* catarsis *se pueden emplear las palabras limpieza o liberación.*

vez que le concedí un respiro, (ya pasados meses largos en este ritmo), tímidamente pidió mil perdones por las opiniones que iba a expresar y en un lenguaje de quien no desea herir los sentimientos de nadie, con sus palabras invalidó lo que para ella eran mis supuestos logros espirituales y me confirmó que siendo yo una persona muy especial, era simplemente una mujer con muchos problemas de infancia.

En ese momento y sin comprender el contexto hasta donde tanto ella como yo habíamos llegado, sentí que me acababa de caer un valde de agua fría, que dentro de mí se había generado un terremoto, y como si mis células y átomos se hubieran esparcido enloquecidamente por todo el interior de mi cuerpo a raíz del invisible estallido de una bomba atómica, me sorprendieron muchísimo sus palabras porque expresaban una imagen totalmente opuesta a lo ganado en ese largo, tedioso y doloroso camino. Si ella no había comprendido nada y al final en su mente solo le había quedado una percepción de mi versión en rana, significaba que eso mismo iba a suceder cuando la gente leyera el libro, o sea la biografía de los efectos de una cultura que en cierta forma a todos nos identificaba en tanto las infinitas contradicciones entre el ser y el hacer, y me derrumbé.

¡Yo que la había elegido a ella como la persona que iba a validar-me, que mi libro era una herramienta que mostraba lo que las creencias influían en lo que considerábamos verdad, que todos los caminos llegaban a Dios, porque viviendo la vida experimentando lo prohibido, metiendo perico, aguardiente y ron, contrarios medios para acceder a lo sagrado

---

https://www.significados.com/catarsis/#:~:text=La%20catarsis%20es%20una%20experiencia,las%20palabras%20limpieza%20o%20liberaci%C3%B3n.

eran pecado y solo le pertenecían al diablo; que lo que vivíamos dentro de la luz o la oscuridad eran tan solo experiencias inherentes a lo que hasta el momento pertenecían a una realidad propia a nuestra humanidad, y dado que tanto Dios como el diablo eran instancias ubicadas en nuestro exterior, porque en nuestro interior solo existían órganos vitales para nuestra supervivencia y de eso se ocupaban los médicos, solo éramos responsable de elegir a Dios, que era el único camino que nos llevaba a la salvación. Lo oscuro podía ser maquillado para que nadie lo notara, ni siquiera nosotros mismos, porque llegaba directico al terreno de lo inconsciente y era ocultado.

Me sentí impotente, débil, insegura. Lo que nos había sucedido a Paloma y a mí no era posible de ser contado, pero desconocía por qué no se lograba dilucidar dentro del texto de la historia el mensaje que yo quería transmitir.

Literalmente mi cerebro se congeló por unos largos tres minutos en los que me sentí totalmente perdida. En el fondo y sin ser consciente de ello, esperaba que, con la aprobación de ella y el repaso de la catarsis de toda una vida, el universo iba a ser expresado por ella diciendo: *¡Bravo, lo hiciste, llegaste al amor!* Pero Ante su respuesta, mi viejo yo, me hizo sentir más *rana* que nunca y me avergoncé de haber pretendido ser una *princesa cósmica…*

Apenas mi cerebro se descongeló, leí de nuevo su nota y sin palabras, imágenes o sonido, una voz sin voz me transmitió: es tu momento… ¿Te quedas en *rana* o eres una *princesa cósmica*? Inmediatamente cesaron mis dudas y con una certeza inamovible me aclaré: *¡Ya soy una princesa cósmica!* Comprendí el propósito de mi encuentro con esa maravillosa mujer y le agradecí porque con la fuerza de su interlocución, el respeto que desde el inicio le tuve y su sincera nota, daba la última y necesaria estocada a lo que muy profundo creemos: *no somos seres de luz. ¡¡¡Solo Dios existe como tal*!!! Nuestra responsabilidad es hacer lo mejor para agradarle y confesarnos ante sus emisarios, cuando somos débiles y hacemos cositas que consideramos no cumplen con sus expectativas. Sentí que había vuelto a nacer dentro del mismo esquema de realidad en el que había nacido antes: mismos padres, hermanas, familia, pareja, casa, pero, y para mi sorpresa, esa bomba atómica había expulsado hacia afuera a una niña que había ocultado para encubrir actitudes, con las cuales me sentía amenazada cuando contactaba mi realidad exterior, tales como ingenuidad, fragilidad, necesidad de aprobación, afecto, protección, y un sinfín de actitudes que por lo general maquillamos para defendernos del ego de otros que por las mismas razones también ocultaban.

Espontáneamente mi niña interior que era ingenua, risueña, juguetona, y con un delicioso humor negro, se volvió visible y se unió mi yo adulto expresándose tal como es, con la fuerza que da el experimentar que lo que considerábamos debilidad era nuestra fuerza y nuestro mayor tesoro.

En ese momento era el mes de septiembre del año 2016. Yo tenía 58 años. De allí en adelante dejé de escribir el libro, dejé de leer, dejé de buscar y me entregué a lo que yo intuía iba a ser una aventura sin igual. La sensación era que estaba entrando a una invisible universidad totalmente desconocida por mí en donde no me eran exigidos textos, libros, computadores, tareas, inteligencia, memoria, éxito, y en donde no era posible perder el interés porque todo estaba relacionado con mi vida que era la vida misma.

De una manera lenta, sigilosa y progresiva, como era todo lo relativo al acercamiento con ese desconocido mundo llamado *nosotros mismos*, iniciaba un proceso de cambio, de percepción de una visión lineal a una visión panorámica de la realidad. Es decir, una visión de la realidad mecánica, determinista y lógica en donde después del uno siempre sigue el dos las desplacé por una visión cuántica o indeterminada en donde todo está por definirse y es posible e inicie la entrada a un terreno totalmente mágico. Mis cinco sentidos seguían reportando el exterior, pero la comprensión de lo que ellos me traían ya era otra y sentía que estos mismos sentidos comenzaban a expandirse para que mi mente pudiese registrar lo que hasta entonces *no "veía" y por lo tanto no había existido para mí.*

Comencé a sentirme como Alicia en el país de las maravillas. Había comenzado a ser parte de un libro "viviente", en el que todo, absolutamente todo, tenía un propósito: humanos, no humanos, geografía, guerras, paraísos, etc. Asombrada y contrario a los cuentos en donde la magia era *una estrategia para avivar la imaginación*, disfrutaba enormemente el encuentro con *una realidad que era totalmente mágica y sobrepasaba toda imaginación*. El acostumbrado y llamado orden del mundo exterior continuaba igual dado que nosotras no habíamos cambiado de mundo o realidad ni nos habíamos convertido en santas o iluminadas, solo estábamos cambiando la forma de percibir todo lo ya conocido. Afuera siguieron las guerras, los celos, los crímenes, el desamor, en fin, la misma estructura que no invitaba sino al desastre ya fuese personal o general, pero instintivamente comenzamos a rechazar esa realidad sin la menor sensación de quererla cambiar.

El corazón (porque comenzamos a perder la lógica y la razón) comenzaron a conducirnos al desarrollo de la sensación y por ende la intuición, como instrumentos del conocimiento en todas las áreas del saber y con ello desapareció la acostumbrada activación de preconceptos, o sea la *noción previa que se tiene de algo antes de poder experimentarlo directamente,*[5] en la medida en que ya no existía en nosotras la contaminación de la emoción, del deber ser para que encajase dentro de lo que hasta el momento habíamos considerado necesario como proceso de supervivencia y evolución.

Al comenzar a descubrir el mundo interior, el mundo exterior dejó de ser nuestra elección de vida. Perdimos el interés en vivir dentro y a partir de ese esquema de realidad creado por y para el ego. Y no hubo *pie atrás*. La Certeza de *habernos encontrado a nosotras mismas* nos quitó la debilidad que acompañando a la mujer de lot que *"salió de Sodoma físicamente pero su corazón se quedó allí. No volvió en cuerpo, pero en espíritu estaba de vuelta en Sodoma."*[6] Con esto quiero decir que para esos momentos el ego ya no ejercía ninguna fuerza en nosotras que nos hiciera devolver a la versión *lineal* ante la nostalgia de alguna emoción perdida. Solo queríamos seguir los comandos de nuestro corazón. Habíamos cambiado de *jefe*.

---

5 https://www.google.com/search?q=preconceptos+definicion&sxsrf=
6 https://vivelabiblia.com/la-mujer-de-lot.

FASE CUATRO

Capítulo 1:
El inicio hacia mi nueva humanidad

CAPÍTULO 1:
EL INICIO HACIA
MI NUEVA HUMANIDAD

Cada vez que dejábamos algún hilo de nuestra realidad lineal, íbamos comprendiendo porque la vida como la habíamos vivido había sido un total enredo emocional y existencial y por qué, por más inteligentes y buscadoras que habíamos sido dentro de ese mundo lineal y resonar con los movimientos sociales de lucha contra múltiples formas de discriminación, reconocimiento de derechos, preservación y protección del ambiente, de animales y un sinnúmero de causas que permitían adquirir una consciencia global de la realidad de este planeta, nuestra mente no se había transformado en cuántica y quise escribir todo lo que estaba descubriendo referente a esas dos formas tan distintas de percibir, pero no me fue posible porque la información que había comenzado a registrar provenía de una fuente interior que no era racional, carecía de palabras o formas concretas y simplemente era comprendida de una abstracta manera. Así que comenzó a ser difícil encontrar un lenguaje que nos permitiese a Paloma y yo, comunicarnos como acostumbrábamos. No nos era posible hablar de lo intangible desde lo tangible y para acabar de ajustar, esa nueva forma de comprensión o visión del mundo, era la antítesis de lo que comúnmente se entendía como tal así que comenzamos a callar, a no involucrarnos en temas de opinión y a socializar en la forma más ligera posible. Paloma constantemente me decía: esto ya no puede ser contado. Es imposible. Nadie que no lo haya vivido lo puede comprender. Solo tú y yo sabemos de qué estamos hablando porque ya salimos del mundo de la interpretación, pero cuando uno habita todavía allí, contamina todo lo que se dice o lee, porque quien determina el significado de todo es el sistema de creencias personal de cada cual. A lo cual yo le respondía, *no sé cómo voy hacer con el libro, pero la necesidad de escribirlo sigue latente en mí....*

Fue en aquella época cuando comenzamos a VER y SENTIR que HACIAMOS PARTE DE TODO: las cosas, lo humano, lo no humano, lo existente y no existente, lo que percibíamos y lo que no, porque todo había partido del mismo origen. Era como si la vida fuese en sí misma una sola sinfonía interpretada por todos los personajes (humanos y no humanos) que hacían parte de esta, y cada uno a cargo de una melodía que en conjunto aportaba un precioso y eterno sonido que le daba coherencia, sentido y propósito al concierto que interpretábamos. Pero todo eso tenía una secuencia: a nivel particular cada actor iba cambiando de ubicación dentro de la orquesta, de acuerdo a la melodía que deseaba experimentar, y sin desentonar absolutamente nada, cambiaba de instrumento, violín, piano, clarinete, trompeta, platillos o timbales. Comprendimos entonces que cuando apenas estábamos desarrollando el oído no lográbamos escuchar la sinfonía en su totalidad así que ni siquiera nos dábamos cuenta que hacíamos parte de una gran orquesta, tampoco lográbamos sentir su perfecto ritmo o escuchar todos los instrumentos al mismo tiempo, porque nuestro alcance eran los instrumentos más cercanos y quienes nos enseñaban a tocar eran los que todavía teníamos a mano, quienes a su vez y como nosotros, no podían aún escuchar más allá de su rango de audición, hasta que de instrumento en instrumento llegamos al punto de poder comprender que éramos parte de una gran orquesta interpretando una sinfonía perfecta pero el asunto no paraba allí. Era tal la inmensidad de esta que el desarrollo del grado de audición era tan infinito como lo era la orquesta.

Recuerdo que años antes de este cambio tan radical en nuestra vidas, yo vi un video que años atrás me había impresionado muchísimo acerca de una científica neuroanatomista que trabajaba para el departamento de Psiquiatría de la Universidad de Harvard, llamada Jill Bolte Taylor. Y había sufrido un derrame cerebral a raíz de un vaso sanguíneo que explotó en la mitad del hemisferio izquierdo de su cerebro, dejándola a merced de su hemisferio derecho. Durante cuatro horas ella pudo *ver* cómo su parte racional y lógica desaparecía, mientras aparecía ante ella otra realidad totalmente desconocida que le era proporcionada por su hemisferio derecho.

Mientras la realidad de su hemisferio izquierdo se expresaba en forma lineal dentro de un contexto de tiempo y espacio, pasado y futuro dividiéndose en partes, categorizándolas, organizándolas metódicamente, tomando lo aprendido del pasado para poder organizar un futuro, utilizando siempre el lenguaje como medio de comunicación y haciéndola creer que era un ser individual al igual que todos sus congéneres, al entrar a la realidad de su hemisferio derecho perdió toda sensación de individualidad y comenzó a percibir el todo a través de sensaciones, dentro de un eterno presente en donde el lenguaje era sustituido por imágenes, perdió su percepción del yo, apareciendo la percepción de unidad con el cosmos. Una realidad en donde ella expresa Somos Perfectos, Completos y Hermosos.[7] Y fueron mis primeros indicios de que lo espiritual

---

7 https://www.youtube.com/watch?v=wsvlhmdFulU

tenía mucho que ver con lo biológico. Cuando el cambio de percepción en Paloma y yo se hizo evidente, inmediatamente entendí que la visión lineal era debido a la necesidad de utilizar continuamente nuestro hemisferio izquierdo pues era el que tenía que ver con todo lo relativo al mundo exterior y al **vaciar** nuestro subconsciente que era nuestra *caja fuerte* en donde guardábamos lo que nos era muy difícil resolver (con lo que nuestro oído aun no podía lidiar), se activaba la información que procesaba el hemisferio derecho encargado de recibir la información que habitaba en nuestro interior. También fue la época que comprendí y tuve certeza a través del libro *un curso* de milagros de que estábamos teniendo acceso directo al saber: "Del conocimiento y la percepción surgen dos sistemas de pensamiento distintos que se oponen entre sí en todo. En el ámbito del conocimiento no existe ningún pensamiento aparte de Dios porque Dios y Su Creación comparten una sola Voluntad. El mundo de la percepción, por otra parte, se basa en la creencia en opuestos, en voluntades separadas y en el perpetuo conflicto que existe entre ellas y entre ellas y Dios" [8].

Siguieron pasando los años y comenzó una necesidad inmensa en mí de saber sobre nuestros orígenes como humanos y acerca del planeta en sí mismo. Impulsivamente me activé en la redes sociales (hasta el momento solo conocía youtube por aquello de la música, las películas o la búsqueda de información que me permitiese sustentar algo que estuviese escribiendo) y para mi sorpresa me encontré con un universo de información acerca de temas que hasta el momento habían sido exclusivos de las sociedades secretas y por lo tanto vedados para nosotros, la gente del común. Intuitivamente fui eligiendo mis fuentes de información que se redujeron enormemente.

---

8 Un Curso de Milagros. Prefacio. Que postula? Pag. XIII

Matias de Stefano, Andrea Barnabe, Los libros del Ser Uno y El libro de Urantia, se convirtieron en mi biblioteca, ellos me trajeron todo lo que necesitaba en ese momento. Había encontrado en todos ellos en forma verbal o escrita muchas de las cosas que yo ya había comprendido, pero había carecido de la habilidad para estructurarlo coherentemente como lo habían hecho ellos. También llené vacíos y aprendí cosas *del otro lado* que jamás había llegado a imaginar pero sentía eran correctas.

Con el tiempo me sentí satisfecha y agradecida de todo el conocimiento recibido a través de estos medios y comencé a retirarme paulatinamente de todo. La metáfora de la perfecta sinfonía seguía en pie, con la diferencia de que ya me era claro que la experiencia dentro del planeta tierra era solo una parte en donde el concierto era tocado; y Paloma y yo estábamos en la parte de la experiencia *modo planeta tierra,* en la que teníamos que entrenarnos para ejercer la maestría de todo el conocimiento recolectado, pero esta vez sin maestros que nos guiaran. De allí en adelante el proceso para perfeccionamiento de nuestro oído, solo nos correspondía a nosotros. Por eso la necesidad de retirarnos a escuchar-nos y reconocer nuestro tono, ritmo, vibración, armonía, melodía dentro de esta gran sinfonía.

Hoy tengo ya 65 años. Hace unos cuantos meses retomé este libro porque sentí que ya era el momento de publicar. Aún tengo mucho que contar. No existe un día que no sea una aventura, sin importar dónde, cuándo, con quién, el lugar, la hora o el día. La fiesta se lleva adentro, por eso somos sus eternas invitadas.

Solo quisiera que no olviden que lo real y verdadero se encuentra en todo momento esperando el instante en que los imanes del mundo exterior dejen de ejercer poder sobre nuestra mente y decidamos regresar a casa. Mientras tanto, podemos orar eternamente, darnos golpes de pecho, confesarnos, hacer caridades y todo lo que creemos nos hace *buenos* para ser aceptados a la derecha de Dios Padre, casarnos, tener hijos, éxito y dinero, y ni siquiera hemos iniciado el camino de regreso a casa porque la única forma de encontrar la totalidad en nosotros mismos es abriendo los candados de nuestro subconsciente, permitiendo salir lo que por eones hemos ocultado por doloroso y/o moralmente no permitido de acuerdo a nuestras creencias y suposiciones de lo que es bien o lo que es mal.

Es un camino solitario. No es posible llevar en un viaje a través de nuestros recovecos mentales a nadie porque esos recovecos sólo son nuestros. Por eso es un camino individual, al igual que los acertijos para salir de este. Podemos, eso sí, encontrar y elegir los medios que nos ayudarán a resolverlos e igualmente a descansar en el trayecto.

Dentro de este contexto, nunca sabremos quién elige hacerlo primero; puede hacerlo un asesino o puede hacerlo un sacerdote. Todo depende del acuerdo cósmico que todos nosotros hacemos antes de volver a este planeta. Nadie está más lejos o más cerca, porque tanto el uno como el otro y sin importar el contenido interior que cada cual cargue al llegar su momento de limpieza, tienen que deshacer su sistema de creencias para llegar a la fuente, y un sistema de creencias sólo es eso y nada más, no tiene que ver con la verdad divina.

Al dejar ideas y creencias quedamos libres de la construcción que hemos hecho de nosotros mismos, de ese *yo* que protegemos hasta más no poder, y comenzamos a comprender, a través de la vivencia, lo que llega en forma de intuición, porque cada espacio que dejamos libre es llenado con la sabiduría, la fortaleza, la alegría y la inocencia del AMOR.

¿Cómo dejé mi sistema de creencias?, es la esencia de este libro. Lo hice como lo hacemos todos, viviendo sin tener la menor idea de qué estaba haciendo, y tratando, como todos, de encontrarle sentido a mi vida. Sólo cuando llegué al fondo del sinsentido de todo lo que me rodeaba, y al no hallar más herramientas que me ofrecieran el estado interior que tanto buscaba, caí rendida de cansancio y solté el control de lo que hasta entonces había considerado los hilos de mi vida, incluyendo todo aquello en lo que creía.

Fue sólo en ese momento en que le di cabida al saber divino y al amor eterno que tanto había esperado.

Y ese fue mi recorrido por el laberinto y el encuentro con el milagro hacía mi nueva humanidad.

EPÍLOGO

En esta historia se resume la razón y propósito de este largo sueño del cual despertamos cuando cubrimos el itinerario elegido por cada uno de nosotros.

La Historia de Aluza[9]

Cuenta la historia que existe un lugar majestuoso en donde solo hay amor. En ese lugar luminoso llamado *El Todo*, se manifiesta la existencia de Aluza rodeada de paz infinita y perfecta armonía. Un buen día Aluza se preguntó:

¿Que soy? Aluza eres una almita y eres parte de El Todo, le dijo una voz. Tu nombre significa Alma, Luz y Amor.

¿Quién eres? pregunto Aluza muy sorprendida y ¿qué significa ser parte del todo?

"Yo Soy El Todo" y aunque tengo muchos nombres la mayoría me llama Dios, ser superior, mente creadora, opal. Ahora dime aluza ¿qué más deseas saber? Cuando una almita se cuestiona, está deseando experimentar su propósito.

¿Cuál es mi propósito? pregunto Aluza. Como parte del *Todo*, tu propósito es ser amor, le dijo la voz.

---

9 Tomado de Norma Mandala. Viaje de tu interior
https://www.youtube.com/watch?v=eWeJbzEYZ6c.

No sé si lo comprendo respondió Aluza, tengo mis dudas....
Muy bien dijo la voz, pregunta...

¿Quiero saber que significa Ser Amor, ¿se puede ser algo diferente al amor?

La voz respondió: en el todo solo existe la frecuencia del amor. La única forma de conocer el amor es no serlo y para experimentarlo necesitas ir a otro lugar.

Aluza le pidió la oportunidad de experimentar su propósito a través del no ser y la voz accedió a su petición.

Aluza dijo la voz, tienes que saber que la experiencia será como entrar en un sueño profundo. Al llegar a tu destino creerás que has despertado. Olvidaras que eres parte del todo e iniciaras una aventura llena de retos y desafíos en un lugar llamado el mundo dual en donde todo lo que existe tiene su opuesto. Ahí conocerás la frecuencia del miedo que es la opuesta a la del amor. Durante el sueño no podrás escuchar mi voz como ahora. Estarás dentro de un traje espacial llamado cuerpo este lleva grabada la historia que será tu guion de vida. Tendrás una identidad llamada ego y una mente pequeña para aprender a memorizar, analizar y entender lo que pasa en el mundo dual. Necesitas saber que la mente pequeña no está preparada para guiarte en mi propósito, para que no pierdas el rumbo te pondré en el centro de tu pecho un poderoso imán que te mantendrá alineada todo el tiempo con tu verdadera esencia.

Aluza interrumpió la vos. ¿Espera un poco, si no voy a recordar tu verdadera esencia como voy a lograr mi propósito?

No tendrás que preocuparte por eso, no te dejaré sola en ningún momento, le dijo la voz te daré recursos para que puedas comunicarte conmigo y te diré cómo hacer. Cuando me necesites, cierra tus ojos, guarda silencio y te diré qué hacer para que la mente pequeña no interrumpa nuestra comunicación. Escucha tu respiración y cuando te sientas en calma hazme la pregunta que quieras. Yo te responderé a través de una sensación agradable. Sentirás algo que se expande dentro de ti, eso será un sí. Pero si sientes algo que se contrae o te acorta la respiración será un no. Aprende esto: El amor expande. El miedo contrae. Tu respiración te mostrará todo el tiempo si estas o no alienada con tu propósito. En tu paso por el mundo dual descubrirás muchos misterios. El mayor de ellos está oculto en el ciclo de tu respiración, inhalar para tomar la vida, hacer una pausa, y al exhalar elegir cómo vas a vivir ese momento. Este es y será uno de los más importantes retos que necesitas descubrir y dominar. Cada respiración te ayudará a recordar que continúas presente en el mundo dual. La aventura de la vida inicia con una inhalación y se termina con una exhalación.

Muy bien dijo Aluza, estoy lista para iniciar la aventura.

No tan deprisa dijo la voz. Todavía tengo algo más para ti. Voy a darte dos recomendaciones para tu viaje por la vida y dos maravillosos regalos para cuando te sientas perdida y necesites sintonizar tu corazón con la frecuencia del amor de forma inmediata.

La primera recomendación es que cuides tu cuerpo y que pongas especial atención en tu postura; a través de ella expresarás la actitud que tomas en cada momento de tu vida. La segunda y muy importante, es que tengas presente que el único propósito es recordar que eres amor. Tengo que advertirte que la mente pequeña tratará de convencerte de que las respuestas están en el mundo dual. Escúchame con atención. Todas las respuestas que necesitas para recordar que eres amor las he guardado en tu interior. Uno de los regalos los llevarás siempre contigo, tiene un poder especial para transformar cualquier emoción desagradable a la polaridad del amor, y es tu sonrisa. El otro regalo es para mantenerte unida con el Todo. Es la palabra mágica gracias. Hay otras palabras mágicas que irás descubriendo por tí misma. Los regalos, como te dije, son para conectar con el amor en momentos difíciles. Necesitarás sentirlos en tu cuerpo. Practica mucho para obtener todas sus ventajas. Llegó el momento, Aluza: ¿Estás lista para iniciar esta aventura?

¡Muy emocionada Aluza respondió, por supuesto estoy lista!

¡Bienvenida seas a la mejor aventura de tu vida: el viaje a tu interior!

www.ingramcontent.com/pod-product-compliance
Lightning Source LLC
LaVergne TN
LVHW091553060526
838200LV00036B/817